Die Romantische Straße von oben

Eine Traumreise von Würzburg nach Füssen

Impressum

Sutton Verlag GmbH
Hochheimer Straße 59
99094 Erfurt
www.suttonverlag.de
Copyright © Sutton Verlag, 2017
ISBN: 978-3-95400-731-8
Druck: Printer Trento | Italien
Gestaltung: Sutton Verlag
Alle Aufnahmen fertigte der Autor an.

Franz X. Bogner

Die Romantische Straße von oben

Eine Traumreise von Würzburg nach Füssen

SUTTON ANSICHTEN

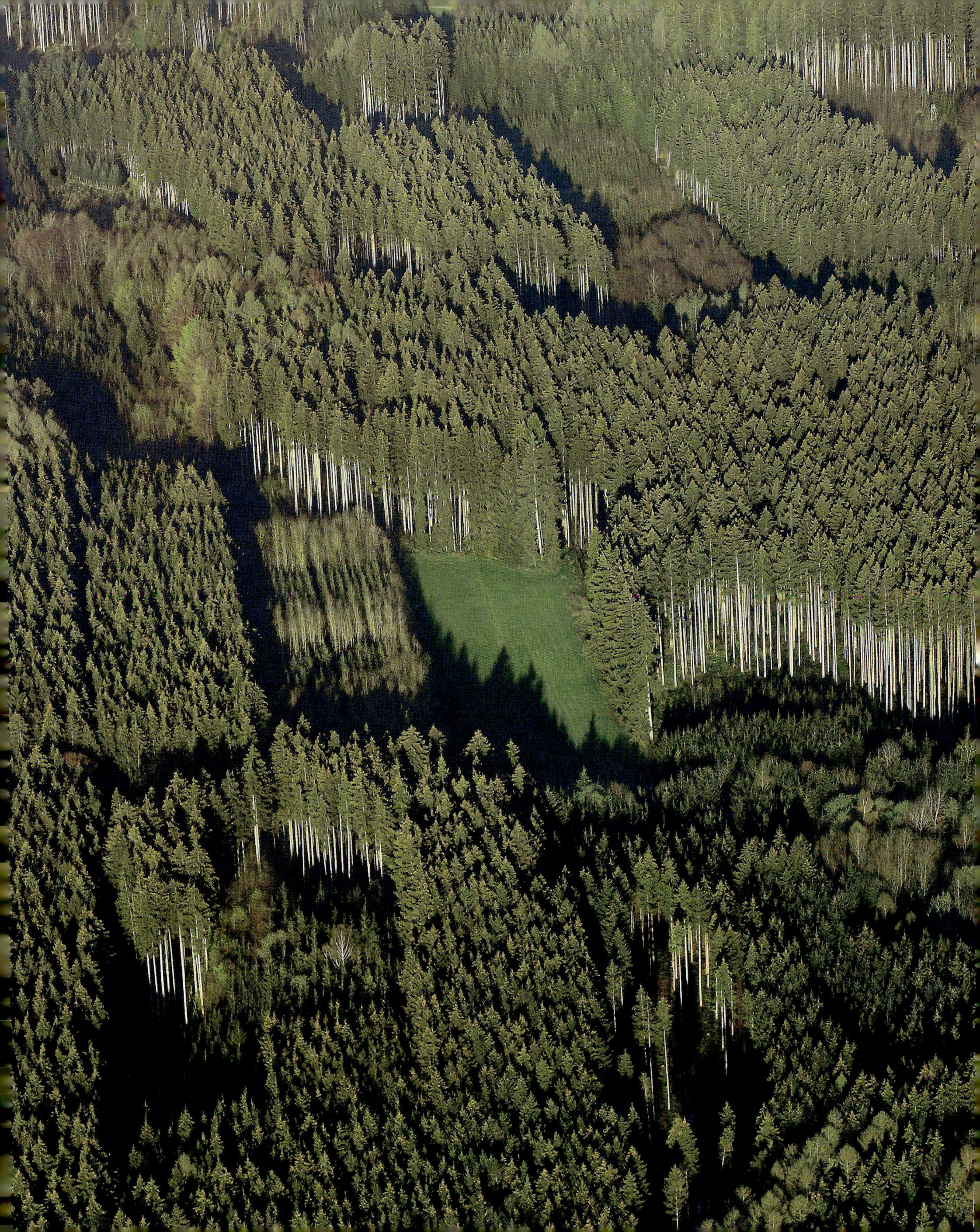

Inhaltsverzeichnis

Vorwort 7

Die Romantische Straße 9

Würzburg mit Mainfranken 13

Das Taubertal 23

Fränkisches Keuperland 47

Das Nördlinger Ries 69

Zwischen Donauwörth und Augsburg 83

Der Lechrain 105

Allgäuer Finale 117

Ortsregister 158

Blick zur Würzburger Wallfahrtskirche Mariä Heimsuchung, auch Käppele genannt.

Vorsatz: Die dominante Mainschleife bei Urphar ist erst seit 2016 Teil der Romantischen Straße. Fast sieben Kilometer lang umfließt der Main das bewaldete Himmelreich (234 m) und hat die Schleifenwurzel schon auf 400 Meter eingeengt. Urphar (im Vordergrund) als bedeutende Station des Jakobswegs kann auf hervorragende Fresken aus der Zeit um 1300 verweisen.
Nachsatz: Allgäuwiesen
Einband vorn: Blick auf Röttingen
Einband hinten: Bild groß – Allgäu, Blick zur Wieskirche; Bilder klein: Rothenburg o.d. Tauber (oben), Würzburg (Mitte), St. Coloman (unten)
S. 1: Wiesenland / **S. 2/3:** Lech Stauwurzel / **S. 4:** Waldmosaik
Kartografie (S. 159): Heidi Schmalfuß, München

Vorwort

Kultur und Natur – wer könnte diese beiden besser verbinden als die Romantische Straße? Tradition zu erleben ist das große Ziel aller Besucher, die meist aus dichtbesiedelten Orten kommen; wenn es Natur noch dazu gibt, ist die anziehende Mischung einer Ferienstraße perfekt. Zweistellige Millionenzahlen an Besuchern pro Jahr können nicht lügen: Die Romantische Straße ist zweifelsohne etwas ganz Besonders. Hier hatten die „Nachkriegs-Zauberlehrlinge" nicht so sehr freie Hand, alles autogerecht umbauen („amerikanisieren") zu können. Es überrascht kaum, dass speziell die US-Amerikaner von der Ursprünglichkeit der Orte an der Ferienstraße fasziniert waren: Hier fanden sie, was sie zu Hause nicht hatten. 1950 wurden umfangreiche Schutzentscheidungen getroffen. Denn auch für manche deutsche Stadt gilt der oft für die Londoner City zitierte Satz von Prinz Charles (*1948), dass Nachkriegs-Architekten mehr kaputt gemacht hätten als alle Bomben des Zweiten Weltkriegs vermocht hatten.

Die Romantische Straße berührt in erster Linie kulturelle Perlen. Die Einbettung in meist intakte Natur erhöht die Attraktivität der Straße ungemein. Auch wenn stets die Industrieferne der Region, die zu geringen Einwohnerzahlen und der demografische Wandel beklagt wurden, sind genau das heute die Pluspunkte der Romantischen Straße. Den politischen Diskurswächtern einer ständig verklärenden Wirtschaft, die nach immer weiterem Wachstum lechzen, dürfen wir wahrlich nicht die Sorge um unsere Natur überlassen. Hier an der Romantischen Straße erscheinen all die täglichen Probleme klein, schließlich atmen die meisten Orte gut 1.000 Jahre einmalige Geschichte und sind von einzigartiger Natur umgeben.

Ein Buch über die Romantische Straße zu machen, ist natürlich eine wahre Freude. Dennoch braucht man für einen Luftbildband immer mehr als zwei Schultern. Mit einer einmotorigen Maschine vom Boden abzuheben, ist immer wieder stets ein unbeschreibliches Gefühl. Nicht selten müssen Pilot und Flugaufsicht früh aufstehen. Der logistische Aufwand ist meist immens, um Luftbilder zu frühester Stunde oder im letzten Sonnenlicht und noch dazu meist in kurzfristiger Abstimmung zu bekommen. Gutes Flugwetter ist eine sehr launische Diva, trotz aller guter Vorhersagen steht man nicht selten im ersten Morgenlicht am Flugfeld und muss doch schweren Herzens entscheiden, nicht aufzusteigen.

Mein Dank an die Piloten ist daher an dieser Stelle mehr als angebracht. Mein zweiter großer Dank gehört dem Sutton Verlag, der erneut die vielen Luftbilder ins rechte Licht zu setzen half. Last but not least sind es die Leser, die durch ihren Buchkauf die wirtschaftliche Basis für die Arbeiten an einem Buch liefern und solche gedruckten Kleinode Wirklichkeit werden lassen.

Vielen Dank und viel Freude mit dem Luftbildband, frei nach dem bekannten Bonmot von Hippokrates (460–375 v. Chr): „vita brevis, ars longa".

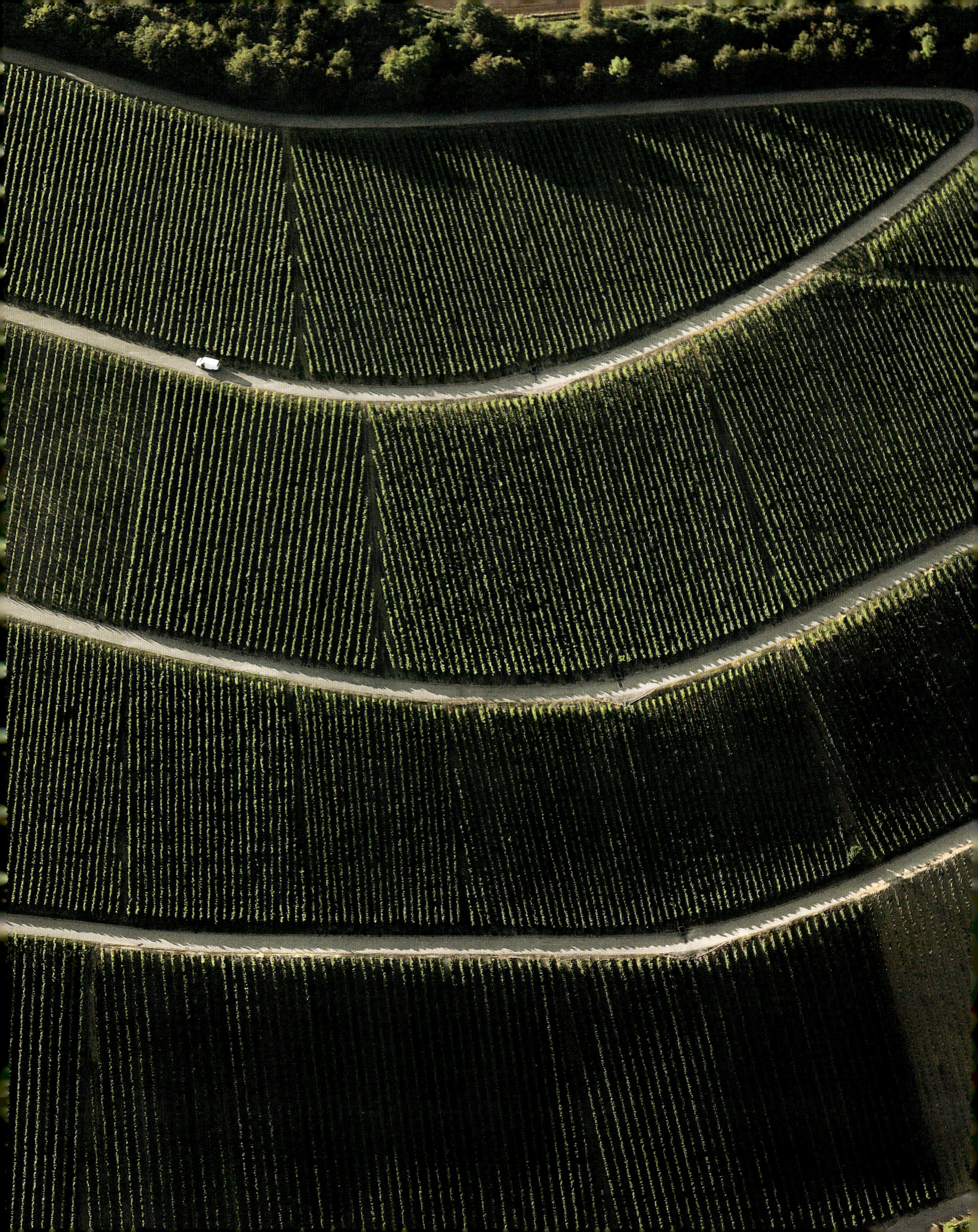

Die Romantische Straße

Zweifellos handelt es sich bei der Romantischen Straße um Deutschlands älteste, bekannteste und wohl auch beliebteste Ferienstraße.

Vom Main bis an die Alpen hält sie eine wahre Zeitreise bereit, führt durch romantische Orte, in denen Geschichte authentisch abgebildet zu sein scheint. Viele Menschen verbinden mit solchen Ortschaften gefühlte Romantik. Die zahlreichen mittelalterlichen Reichsstädte vermitteln ein traditionsreiches Siedlungsbild, das auf dem gesamten amerikanischen Kontinent nicht zu finden ist. Für eben diese Zielgruppe war die Straße im völlig ausgebombten Nachkriegsdeutschland ja auch gegründet worden. Wir sollten nicht vergessen, dass Deutschland nach jahrelangem flächendeckendem Bombardement 1945 komplett zerstört war. Es gab kaum eine Familie, die nicht auf die Rückkehr von Söhnen, des Vaters oder des Ehemanns wartete (und das auch oft vergeblich). Wer den Krieg überlebt hatte, war meist traumatisiert.

Das völlig ausgebombte und ausgehungerte Land hatte eigentlich ganz andere Sorgen, als sich um Freizeitbeschäftigung zu kümmern. Trotz aller Hemmnisse, die Romantische Straße wurde aus der Taufe gehoben – und wurde zum großen Erfolg. Ohne die vielen US-amerikanischen Besatzungssoldaten als Zielgruppe hätte sich wohl niemand an die Etablierung einer Ferienstraße getraut! Die Gründerrunde in Augsburg zielte auf Rehabilitation des Urlaubsziels Deutschland nach dem Hitler-Terror. Man wollte sehr bewusst zunächst US-Amerikanern, später auch anderen ausländischen Urlaubern mit den mittelalterlichen Reichsstädten entlang der Romantischen Straße ein anderes, lebensfreundliches und vielfältig in der europäischen Geschichte vernetztes Deutschland-Bild zeigen. Seit 1950 ist kaum eine touristische Straße Deutschlands weltweit so bekannt geworden wie die Romantische Straße. Zuerst war sie nur die „Romantic Road"; faktisch konnten sich ja nur die US-amerikanischen Besatzungssoldaten damals überhaupt einen Urlaub leisten. Heute ist der Name Romantische Straße auf den Straßenschildern überall zu lesen, sogar in japanischer Schrift.

Mit rund fünf Millionen Gästeübernachtungen sowie geschätzt 20 bis 25 Millionen Tagesbesuchern ist die Romantische Straße ein bedeutender Wirtschaftsfaktor für die ganze Region geworden. Sie verbindet viele traditionelle Orte zwischen Würzburg am Main und Füssen am Alpenrand. Teilweise folgt sie der Römerstraße Via Claudia, wenn auch nicht auf deren historischer Trasse. Die Romantische Straße folgte zunächst ausschließlich Bundesstraßen, Nebenstraßen waren damals nicht für den Autoverkehr geeignet. Heute, wo selbst manche Feldwege geteert und wir vom Verkehr eher genervt sind, kann man anders denken und modifiziert den Streckenverlauf zunehmend. Eine solche Änderung betraf die Strecke von Donauwörth über Rain und Thierhaupten nach Augsburg, eine weitere von Augsburg über Mering nach Landsberg am Lech. Auch unterhalb Landsbergs gab es Änderungen und man wird nun statt auf der dreispurig ausgebauten Bundesstraße über Dörfer nach Schongau geführt. Von Nördlingen nach Donauwörth meidet man inzwischen die Bundesstraße und fährt über Nebenstraßen nach Harburg und Kaisheim. Eine jüngste Änderung betrifft den nördlichsten Teil von Würzburg über Holzkirchen und Urphar nach Wertheim, danach folgt die Route dem Taubertal über Bronnbach, Gamburg nach Tauberbischofsheim. Dass die Romantische Straße bei Besuchern so gut ankommt, liegt auch an den vorbildlich erledigten „Hausaufgaben" der beteiligten Orte. Hier liegt die Zahl der ökologischen Fußabdrücke deutlich unter dem Landesdurchschnitt, sogenannte Metastasen rund um traditionelle Ortskerne halten sich in Grenzen.

Folgt man der Romantischen Straße, taucht schnell die Frage nach der Romantik auf. Streng genommen definiert der Begriff eine kulturgeschichtliche Epoche, die gerade einmal gut 50 Jahre lang andauerte: Gängigerweise denkt man an die Zeit zwischen 1795 und 1848. Trotz der vergleichsweise kurzen Zeitspanne unterscheiden manche noch feiner in Frühromantik (bis 1804), Hochromantik (bis 1815) und Spätromantik (bis 1848). Mit der Romantik verbinden wir vor allem bekannte Maler wie Caspar David Friedrich (1774–1840), der mit seiner Wirkungsästhetik gefühlige Bilder nach den heute geläufigen Vorstellungen einer romantischen Malerei konstruierte. Die Romantik gilt auch als Sinnbild der gesellschaftlichen Weltflucht, „die da oben" gewähren zu lassen und sich eine eigene „wohlige Kuhle" zu schaffen. Die enormen Schäden durch die Industrialisierung hatten eine fast unstillbare Sehnsucht nach den vormalig imaginär geborgenen Gesellschaftsstrukturen aufkommen lassen.

◀ Weinberge, soweit das Auge reicht: Die ersten Kilometer der Romantischen Straße verlaufen unübersehbar durch Weinland. Entlang des Mains und der Tauber laden Süd- und Westhänge seit Jahrhunderten zum Weinbau ein, der jedes Jahr köstliche Tropfen heranreifen lässt.

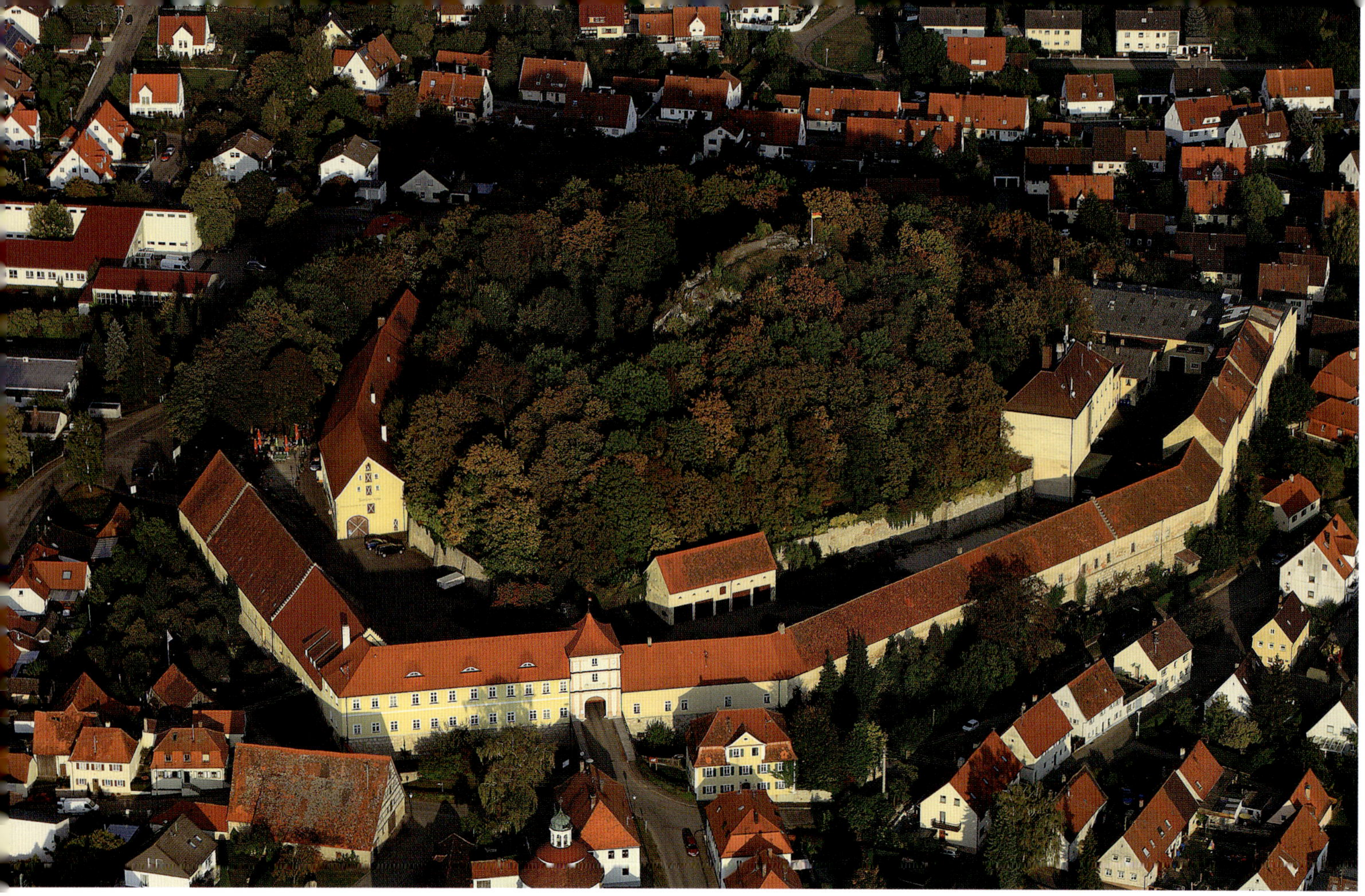

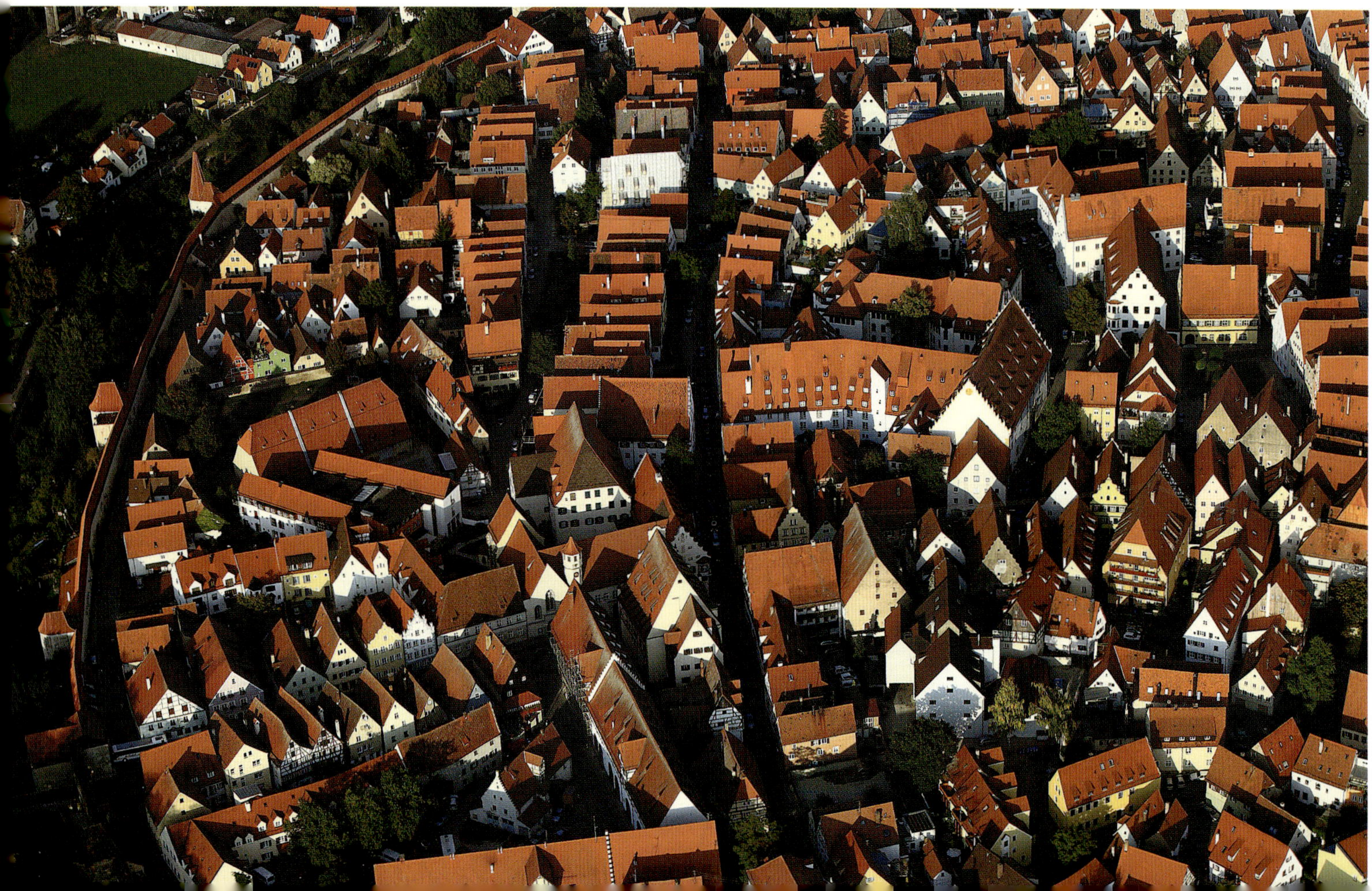

◄ Der Burgfelsen von Wallerstein wurde schon in der Stauferzeit befestigt, seine Burg hatte dem Markt über Jahrhunderte Schutz gewährt.

Schongau war als schwäbische Stadt bereits 1267 als Teil der sogenannten Konradinischen Schenkung an Bayern gefallen und hatte all die Jahrhunderte gut unter dem weiß-blauen Rautenbanner gelebt. Wie selbstverständlich verläuft daher die Romantische Straße durch die hervorragend erhaltene Altstadt, die seit 1973 unter Ensembleschutz steht.

◄ Wer kennt nicht die früher Freie Reichsstadt Nördlingen mit ihrem hervorragend erhaltenen mittelalterlichen Stadtbild? Unübersehbar war man über viele Jahrhunderte hinweg Herr in der eigenen Stadt, die Steuergelder blieben im Ort.

Die Marienbrücke über den Main.

Würzburg mit Mainfranken

Weinstadt – Kulturstadt – Bischofsstadt – Barockstadt: Würzburg hat viele Beinamen und ist zu Recht der Ausgangspunkt der Romantischen Straße. Man sieht der barocken Stadt heute nicht mehr an, welch Trümmerhaufen sie nach dem englischen Bombardement vom 16. März 1945 war. Die historische Altstadt war mit einem einzigen, nur 19 Minuten währenden Angriff zu 90 Prozent ausgelöscht worden.

Das barocke Kernstück Würzburgs, die Residenz, wäre damals beinahe vollständig zerstört worden, wäre nicht ein amerikanischer Kunstschutzoffizier im nachrückenden Tross gewesen, der eine provisorische Abdeckung mit amerikanischen Zeltplanen und die Errichtung eines Notdachs angeordnet hatte. So konnten zumindest die einzigartigen Fresken im Treppenhaus, im Kaisersaal und im Weißen Saal gerettet werden. Dennoch hatte es enorme Schäden gegeben, die übrigens erst 2006 endgültig in einer aufwändigen Restauration beseitigt wurden. Kein Besucher vergisst jemals dieses mit 580 Quadratmetern größte zusammenhängende Deckenfresko, das den Himmel über dem Treppenhaus darstellte. Für die Ausmalung hatte man den venezianischen Starkünstler Giovanni Battista Tiepolo (1696–1770) gewinnen können, er hatte dafür auch das 13-fache Jahresgehalt des Würzburger Hofbaumeisters erhalten.

Der 1075 eingeweihte Kiliansdom ist das Herzstück kirchlicher Bauwerkskunst der Stadt. Er war bereits der dritte Dombau an dieser Stelle. Natürlich haben nachfolgende Generationen immer wieder am Dom gearbeitet, doch konnte sich sein romanisches Grund-Credo halten. Das Käppele ist eine kleine barocke Wallfahrtskirche hoch über dem Main. Nachdem es schon in der berüchtigten Bombennacht zu Schäden gekommen war, hätte ein SS-Befehl in den letzten Kriegstagen beinahe die totale Zerstörung gebracht, wenn nicht die mutige Befehlsverweigerung eines kleinen Gefreiten dies verhindert hätte.

Die Marienbrücke war bis 1886 Würzburgs einziger Flussübergang. Eine romanische Brücke hatte bereits 1120 eine bestehende Fährverbindung ersetzt. Die heutige Marienbrücke bekam ihre Muschelkalk-Steinpfeiler ab 1475, die zunächst mit Holzkonstruktionen verbunden waren, ab 1512 wurde an den Steingewölben gearbeitet, was sich wegen Geldmangels bis 1703 hinzog. Acht Öffnungen verschaffen der 185 Meter langen Bogenbrücke ausreichend Wasserdurchlass. Nach der Zerstörung durch zurückweichende Wehrmachtstruppen wurden drei Bögen als Stahlbetongewölbe wiederaufgebaut und mit Naturstein verkleidet. Ab 1720 kamen die monumentalen Sandsteinfiguren auf die Brüstungen der Pfeilerkanzeln; sie stellen lokale Heilige wie den Hl. Totnan oder den Hl. Kilian sowie weltliche Herrscher wie den Frankenkönig Pippin oder Kaiser Karl den Großen dar.

Die Festung Marienburg hatte im Bauernkrieg den regierenden Fürstbischof gerettet. Gut 100 Jahre später ging die Belagerung durch die Schweden nicht so glimpflich aus, diesmal wurde die Festung genommen. Danach wurde sie immer weiter ausgebaut, hielt nochmals im deutschen Bürgerkrieg 1866 der preußischen Artillerie stand, aber nur, weil ein schneller Waffenstillstand einer längeren Belagerung zuvorgekommen war. Die vierte Bewährungsprobe durch alliierte Bomben bestand die Festung 1945 leider nicht. Mittelalterliche Mauern haben keine Chance gegen moderne Waffen. Heute beherbergt die Festung das Mainfränkische Museum Würzburg und das Fürstenbaumuseum.

Kist, die höchstgelegene Gemeinde im Landkreis Würzburg, hieß 779 noch Chistesbrunno. Als ältestes Gebäude des 2500-Seelen-Ortes (mit der Jahreszahl 1706) gilt das Gasthaus. Geziert von zwei Engelsköpfen und einem Wappenrelief des Würzburger Fürstbischofs, das wohl auf eine Verwendung als Jagdsitz verweist. Dass das Siedlungsland um Kist schon lange genutzt wird, zeigt ein Grabhügelfeld aus der Bronze- und der Hallstattzeit, das 1941 und 1960 beim Autobahnbau angeschnitten wurde. Die Grabhügel sind dadurch größtenteils verschwunden.

Bei Urphar bildet der Main mit dem sogenannten Himmelreich eine fünf Kilometer lange, einzigartige Flussschlinge. Die schmalste Stelle misst nur 400 Meter. Kulturgeschichtlich ist Urphar wegen seiner Jakobskirche bekannt. Als Wehrkirche ist sie ein gut erhaltenes Kleinod mit einzigartigen spätromanischen Fresken im Stil am Übergang zur Gotik, die erst zwischen 1909 und 1953 wiederentdeckt wurden.

Im Volksmund heißt es, dass der Fluss Main Franken so sehr mag, dass er sich möglichst lange windet, um in Franken bleiben zu können. Das Maindreieck mit Würzburg mittig am westlichen Arm ist für seine hervorragenden Weinlagen bekannt, hier wächst auf den typischen Muschelkalkböden ein Großteil des Frankenweins heran, in aller Regel Silvaner. Der Würzburger Stein wird schon fast ehrfürchtig „Steinwein" genannt. Das Mainviereck umschließt hauptsächlich den waldreichen Spessart, auch die Buntsteinböden seiner Mainhänge lassen einen guten Rotburgunder heranreifen.

Wertheim markiert die Mündung der Tauber in den Main. Hier verlässt die Romantische Straße erst einmal Bayern. Die mächtige Burg hoch über der Altstadt ist nicht nur das Wahrzeichen der Stadt, sondern war über die Jahrhunderte der militärische Garant von Sicherheit. Die Grafen von Wertheim hatten bis ins 17. Jahrhundert immer weiter daran bauen lassen, erst die Kanonen des Dreißigjährigen Krieges zeigten schonungslos die Grenzen traditioneller Burgmauern auf.

Würzburg mit Mainfranken

Blick nach Südosten. Oben links befindet sich die St.-Johannis-Kirche, die dank ihrer spitzen Türme ins Auge fällt. Sie war als erstes evangelisches Gotteshaus Würzburgs errichtet worden und dient heute als Kriegsmahnmal. Auch die Würzburger Bachtage finden hier statt. Unten mittig sind die grünen Spitzen der Türme an der Rückseite des Doms zu erkennen. Der Blick geht mittig auch zur 1744 eingeweihten Residenz, die seit 1981 zum Weltkulturerbe gehört und als bester Synthesebau des europäischen Barocks sowie als „einheitlichstes aller Barockschlösser" gilt.

Blick auf den Dom.

Blick über den Main zur belebten Altstadt. Man erkennt oben mittig den Dom und daneben die Kuppel des Neumünsters. Etwas weiter links befindet sich die Marienkapelle, an deren Südportal die Figuren „Adam und Eva" von Tilman Riemenschneider zu bewundern sind. Vorn sieht man die Festung Marienberg, die über Jahrhunderte der militärische Schutzschild des Würzburger Landes war.

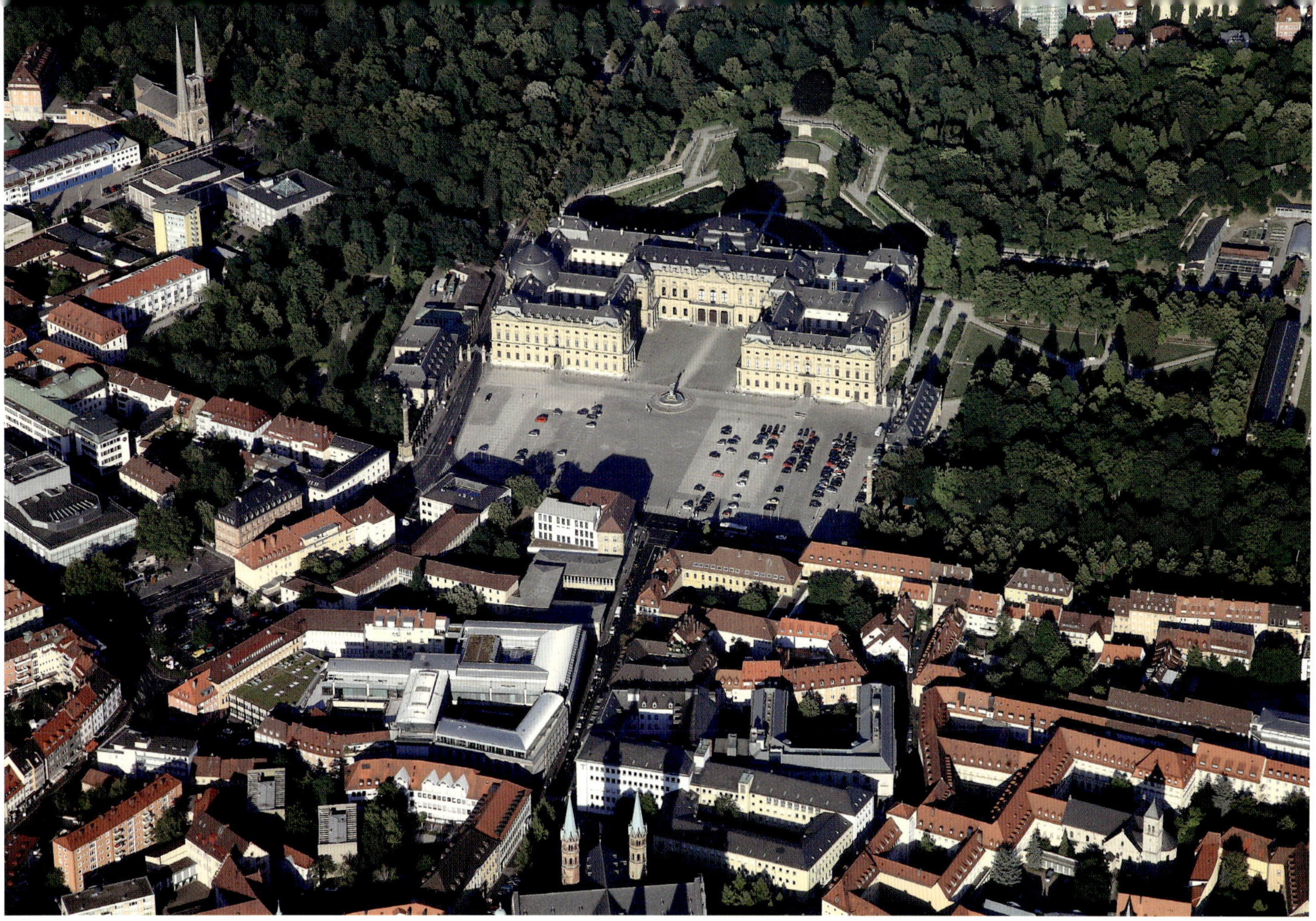

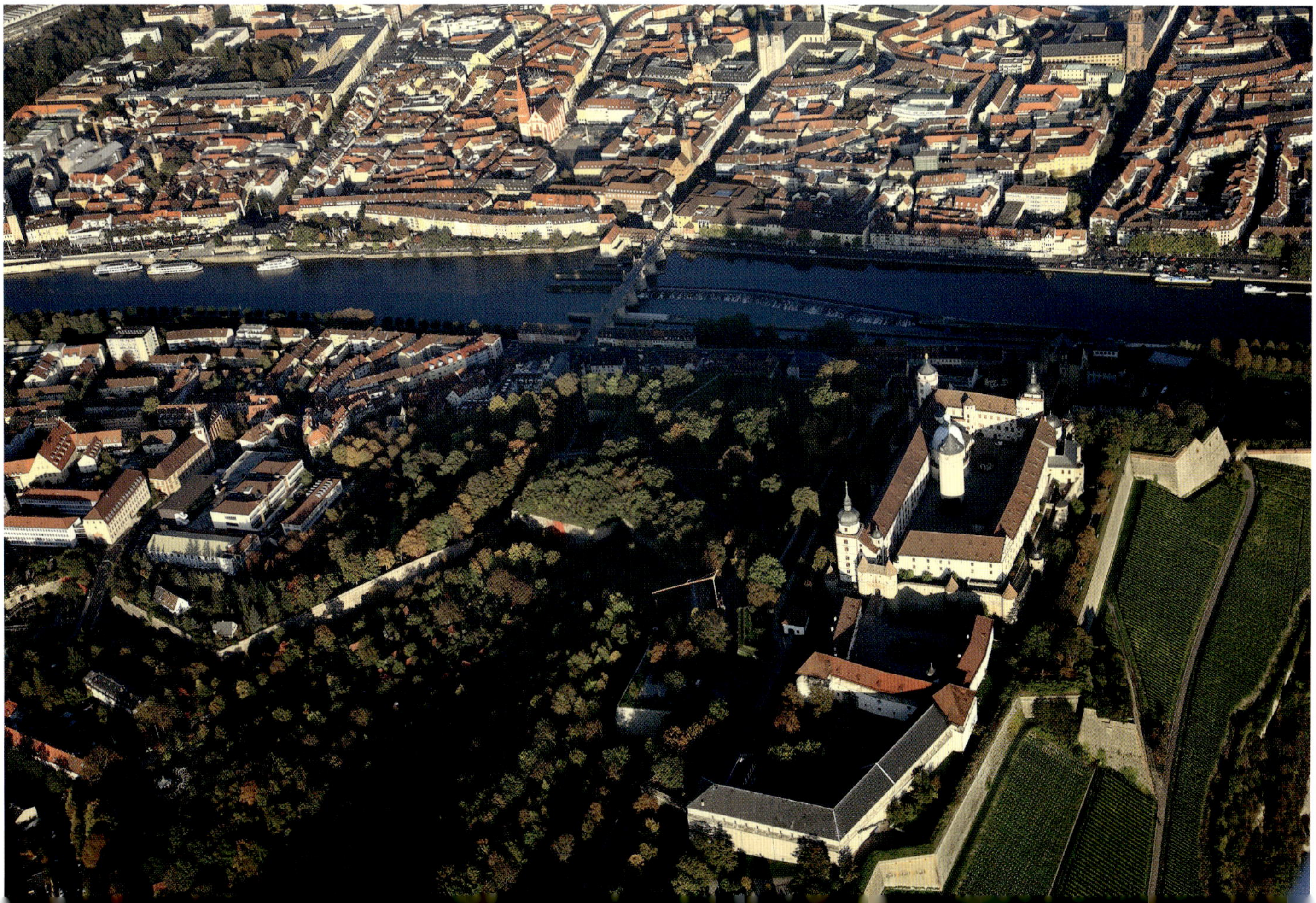

Man sieht der Würzburger Altstadt den alliierten Bomberterror der letzten Kriegswochen im März 1945 nicht mehr an. Bis weit in die 1960er-Jahre hatte es denn auch gedauert, dass die letzten Ruinen aus dem Stadtbild verschwunden waren. Vieles war nur mehr äußerlich rekonstruiert worden, wie bspw. die meisten Kirchen der Altstadt.

Welche Bedeutung Würzburg bereits im Hochmittelalter hatte, lässt sich am Münzfund von Sandur auf den Färöerinseln ersehen: Eine der um 1075 vergrabenen 98 Silbermünzen war eine Würzburger Prägung.

Das Käppele hoch über dem Main ist ein barockes Kleinod. Zusammen mit den 247 Stufen des Kreuzwegs gilt das ins Mainufer eingebettete Ensemble als ein vielbeachtetes Juwel des Spätbarocks. Die Treppenanlage im Geiste des Barocks folgt einer strengen Symmetrie und führt jeweils von einer Terrasse zur nächsthöheren. Allein ihre Sanierung hat jüngst fast 4,5 Millionen Euro gekostet.

Jeder Südhang ist kostbar; meist ist die gesamte Hangbreite für Weinberge reserviert. Zwar haben sich die Anbauflächen rund um Würzburg seit 120 Jahren gut halbiert, Würzburg ohne Wein (und ohne Bocksbeutel) ist aber undenkbar. Meist werden Weißweine angebaut: Müller-Thurgau, Silvaner und Bacchus machen rund 80 Prozent der Anbauflächen aus.

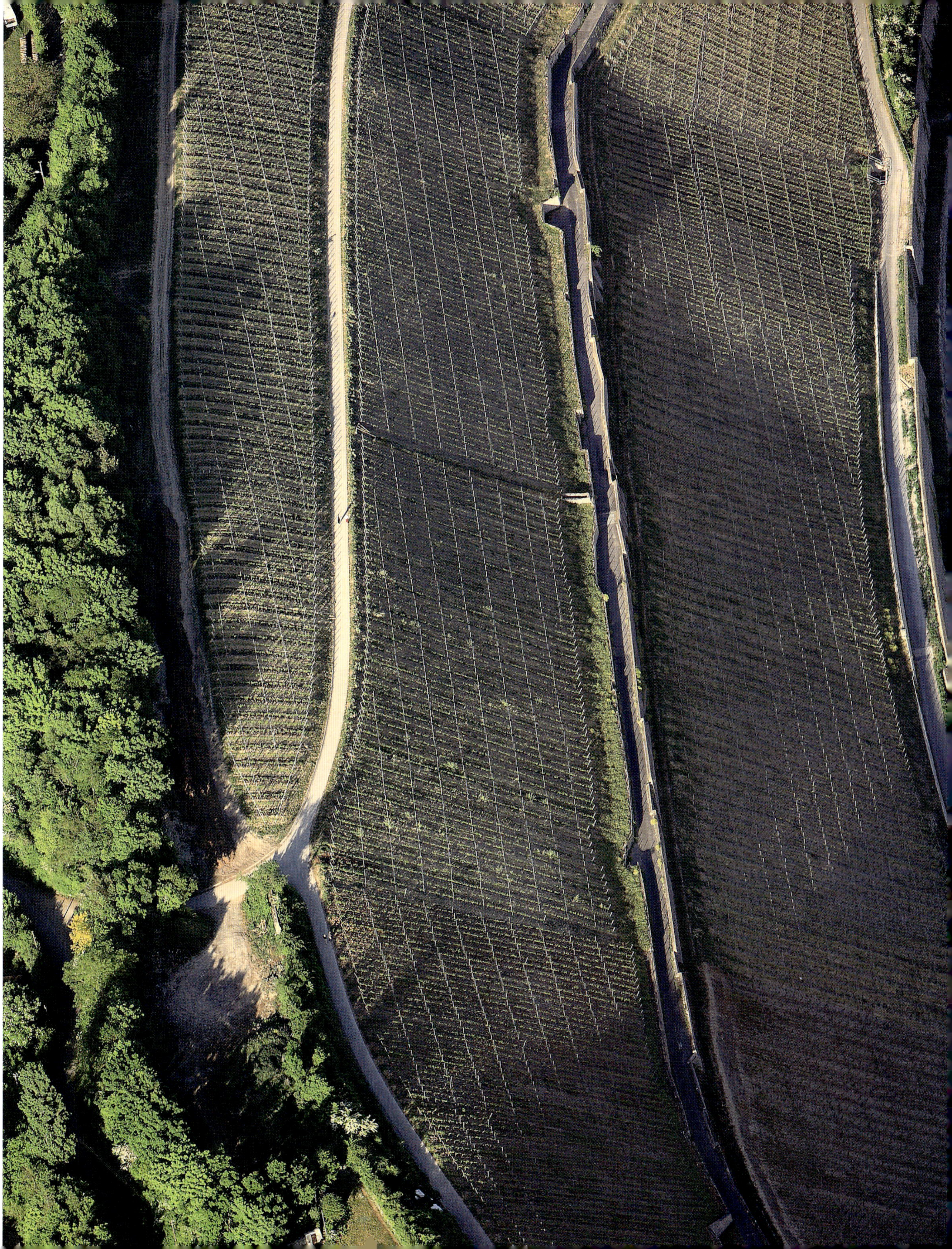

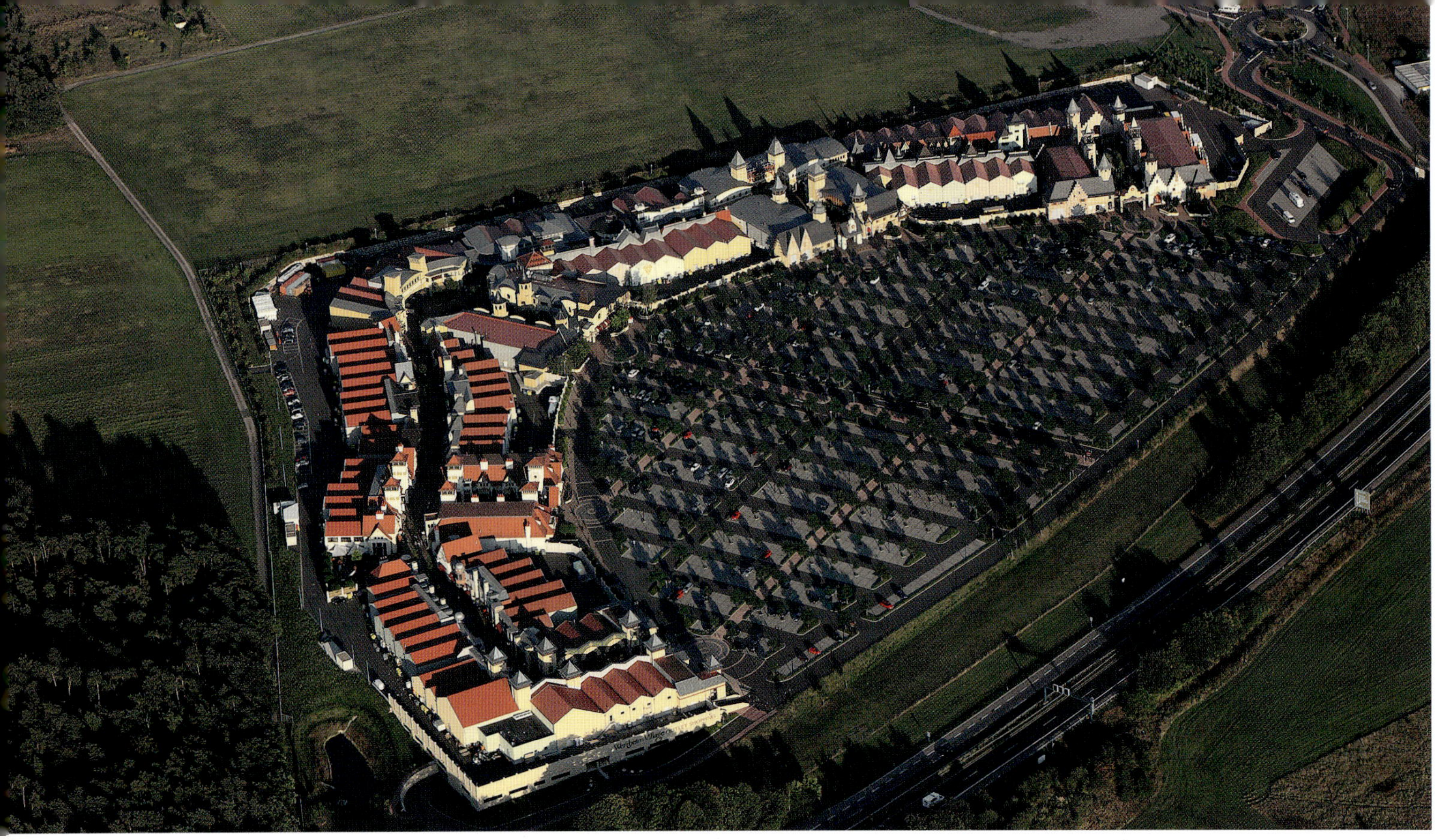

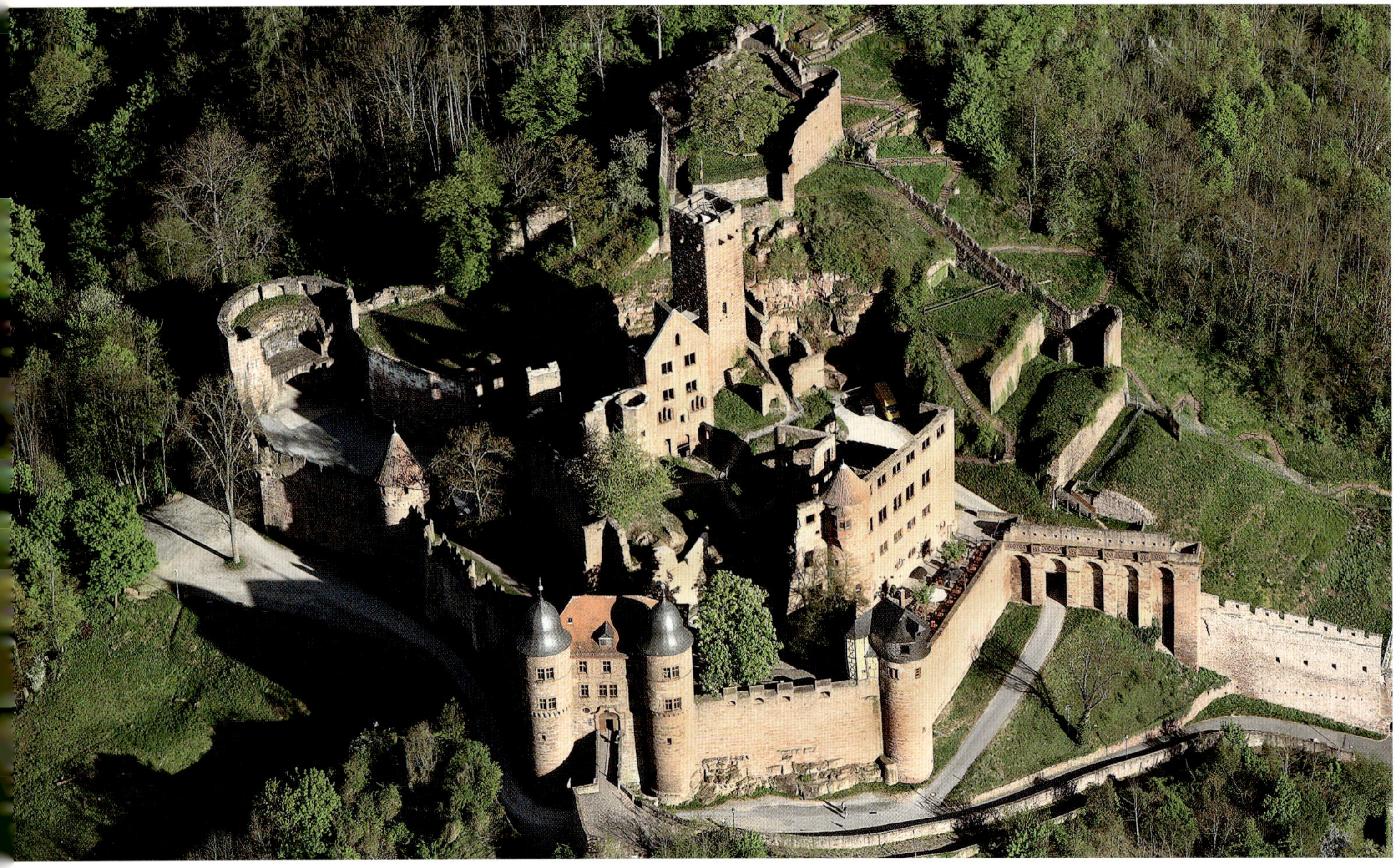

◄ Wertheim-Village, direkt an der Autobahn gelegen, ist ein Kind unserer heutigen Zeit. Vor gut einem Jahrzehnt gegründet, ist hier das größte Outlet Shopping Center Europas entstanden.

Wertheim an der Taubermündung ist heute die nördlichste Stadt Baden-Württembergs. Bis 1806 war es aber eine eigene unabhängige Grafschaft, obwohl man mit dem Herzogtum Württemberg und dem Fürstbistum Würzburg keine friedvollen Nachbarn hatte, da diese sich immer wieder hatten vergrößern wollen.

◄ Für Burg Wertheim brauchte es in der Vergangenheit keine Worte – hier war sofort klar, wer das Sagen hatte. Auch als Ruine ist die Höhenburg auf dem Bergzwickel zwischen Main und Tauber imposant.

Die Tauber ist mit ihren knapp 130 Kilometern ein beachtlich langer, aber letztlich doch schmal gebliebener Nebenfluss des Mains. Als früherer Nebenfluss der Ur-Donau ist sie ein Bilderbuch-Beispiel für eine sogenannte Flussumkehr, da der Rhein und der Main aufgrund des weit größeren Gefälles dem Donauraum einen Fluss nach dem anderen hatten abnehmen können.

Das Taubertal

Die 129 Kilometer lange Tauber mit gut 300 Metern Gefälle zwischen der Quelle und der Mündung hatte als früherer Nebenfluss der Ur-Donau zunächst in einem breiten, flachen Tal eine entgegengesetzte Fließrichtung nach Südosten. Während der Kaltzeiten (im Volksmund: Eiszeiten) kam es zur sogenannten Flussumkehr, nachdem das Rheinsystem den Main angezapft hatte. Im Vergleich zur Donau weist das Einzugsgebiet des Rheins ein erheblich größeres Gefälle auf, was schon am tief eingeschnittenen Taubertal sichtbar ist. Welche Bedeutung die Tauber für die Region hat, zeigt ihr Namenszusatz in Rothenburg ob der Tauber, Tauberrettersheim, Tauberbischofsheim und in anderen Orten. Auch die Taubertalbahn nimmt Bezug auf den Fluss, ebenso Tauberfranken und der baden-württembergische Main-Tauber-Kreis.

Kloster Bronnbach war 1151 als damals 326. Zisterzienser-Abtei gegründet worden. Die Mönche brachten als „Gärtner Gottes" dem Taubertal den Weinbau. Und sie konnten sich erfolgreich bis zur Säkularisation 1803 von jeglicher weltlicher Herrschaft freihalten, auch wenn die Nachbarn hier noch so gerne Fuß fassen wollten.

Tauberbischofsheim hatte schon im Hochmittelalter das Marktrecht erhalten. Bis 1850 lautete der Ortsname nur Bischofsheim, bis sich zur besseren Unterscheidung von den Städten Bischofsheim am Neckar und Bischofsheim am hohen Steg der heutige Name durchsetzte. Bis kurz nach 1800 war die Namensunterscheidung auch nicht notwendig, da man bis dahin zum kurmainzischen Kurfürstentum gehört hatte (560 Jahre). Im Stadtwappen sind das Mainzer Rad und die Bischofsmütze unübersehbar. Das kurmainzische Schloss war Sitz der erzbischöflichen Amtsmänner. 1806 wurde die Stadt schließlich auf Anweisung Napoleons dem Großherzogtum Baden zugeschlagen.

Lauda-Königshofen ist seit 1975 Doppelstadt. Lauda als der größere Ortsteil hatte bereits 1344 von Kaiser Ludwig dem Bayern das Stadtrecht nach Rothenburger Recht erhalten, war später aber vom Hochstift Würzburg erworben worden. Zahlreiche Bauwerke und Bildstöcke erinnern an die Würzburger Zeit, das „Würzburger Fähnlein" flattert noch heute im Stadtwappen. Königshofen hatte das Marktrecht erst im ausklingenden Spätmittelalter bekommen und war der kleinere Ort. Eine kirchliche Besonderheit war die Zuordnung zur Universität Heidelberg als Eigenpfarrei, man war bis zur Einführung der Reformation unmittelbar dem Papst unterstellt statt dem Bischof des Bistums. In unserer Zeit war die Doppelstadt über 30 Jahre lang Luftwaffenstandort mit zeitweise über 1.000 stationierten Soldaten; erst 2004 gab man die Tauberfranken-Kaserne auf.

In Bad Mergentheim hatte der Deutsche Orden einen Sitz, der Hochmeister vertrat die Deutschorden-Ballei Franken. Der Orden hatte auf seinem Gebiet die Hochgerichtsbarkeit. Die Stadtrechte hatte Kaiser Ludwig der Bayer dem Ort gewährt. 1809 wurde man dem Königreich Württemberg zugeschlagen. Das Prädikat „Bad" im Ortsnamen wurde 1926 verliehen, um auf die lokalen Heilquellen zu verweisen.

Igersheim gehörte bis zur Säkularisation zur Deutschorden-Ballei Franken. Das schwarze Kreuz im Wappen deutet darauf hin. Die Burg Neuhaus war lange Zeit Dienstsitz des betreffenden Amtmanns, bis dieser nach Igersheim zog. 1809 wurde die Burg Staatsbesitz des königlich-württembergischen Rentamts. Erst nach der Auflösung des Deutschordens hat der Ort mit Johann Adam Möhler (1796–1838) einen bedeutenden katholischen Kirchenhistoriker hervorgebracht. Sein Geburtshaus gibt es noch.

Weikersheim war Hohenloher Land. Der Ort nennt eine repräsentative Renaissance-Residenz sein eigen, an der über Jahrhunderte gebaut worden war, auch die Stadtplanung hatte sich danach ausgerichtet. Der repräsentative Marktplatz bildet mit seinen Amtshäusern, dem Rokokobrunnen und dem Kornbau eine phänomenale Geschlossenheit. Das Schloss gilt als schönstes aller hohenlohischen Schlösser, es war im Kern ein Wasserschloss, das ständig erweitert wurde. Sein Park gilt als frühester Barockgarten in Franken. Erst 1756 verlor die Stadt mit dem Tod des letzten Grafen ihre Residenzfunktion; das Schloss ist geblieben und gehört heute dem Land Baden-Württemberg.

Röttingen war Würzburger Land und gehört auch heute zum Landkreis Würzburg. Besonders die lange Regierungszeit des Fürstbischofs Julius Echter von Mespelbrunn (1545–1617) hatte dem Ort gut getan und bspw. den lokalen Weinbau gefördert. Noch heute ist die rund 30 Hektar große Lage des „Röttinger Feuerstein" gut bekannt, in der sich auch der Tauberschwarz, eine jahrhundertealte lokale Rebsorte, halten konnte. Ein Museumsweinberg dokumentiert mit drei Parzellen die Entwicklung des lokalen Weinbaues. Mit dem Ende des Fürstbistums Würzburg durch die Säkularisation wurde Röttingen dem bayerischen Untermainkreis zugeschlagen.

Greglingen hatte viele Ortsherren, bspw. die Markgrafschaft Ansbach, Hohenlohe, Preußen oder Bayern, bis 1810 das Königreich Württemberg obsiegte. Ein Merianstich aus der Topographia Franconiae zeigt Greglingen als gut beschützte Stadt. Überregional wohl am bekanntesten ist der Riemenscheider-Altar in der Greglinger Herrgottskirche. Der Würzburger Meister hatte dieses Kleinod um 1505 geschaffen, das als wichtigstes Werk mittelalterlicher Holzbildhauerkunst gilt. Tilman Riemenschneider (1460–1531) war ein Meister seines Fachs, der es sogar bis zum Bürgermeister in Würzburg gebracht hatte. Im Zuge der Bauernkriege wurde er allerdings auf der Festung Marienberg eingekerkert und gefoltert. Gegen Abtretung der Hälfte seines gesamten Vermögens kam er schließlich frei, hat aber nie mehr einen größeren Auftrag bekommen.

Das Taubertal

Flussmündungen waren immer ideale Plätze für Ortsgründungen, vor allem wenn, wie an der Taubermündung, eine mächtige Burg den militärischen Schutz sicherstellen konnte. Hier dürften die Franken im Zuge ihrer Ostkolonisation im 7. Jahrhundert Wertheim gegründet haben.

Das Taubertal

Die Taubertalbahn ist eine eingleisige, nicht elektrifizierte Bahnstrecke zwischen Wertheim und Crailsheim. Sie besteht seit 1869 und hat alle Stilllegungspläne erfolgreich überlebt.

Reicholzheim war bis 1803 ein Klosterdorf von Kloster Bronnbach, wo zum Beispiel ein Steuereinzugsamt des Würzburger Bistums angesiedelt war.

Das Taubertal

Kloster Bronnbach war über Jahrhunderte als Zisterzienserkloster die bestimmende Kraft der Region. Die Reformation (1552) und die Säkularisation (1803) waren bedrohliche Zäsuren; das Kloster ist jedoch immer wieder „auferstanden".

Hochhausen ist ein traditionell bäuerlich geprägter Ort, aber heute ein Stadtteil von Tauberbischofsheim. Als Siedlung wurde es bereits um 780 im Codex Eberhardi erwähnt.

Gamburg wird von einer mächtigen Spornburg beherrscht. Diese wurde nie zerstört und ist heute noch bewohnt. Den Bauernkrieg hatte sie dank der Fürsprache Götz von Berlichingens unversehrt überstanden.

Auch das 700-jährige Impfingen ist heute ein Stadtteil von Tauberbischofsheim, sogar der zweitgrößte.

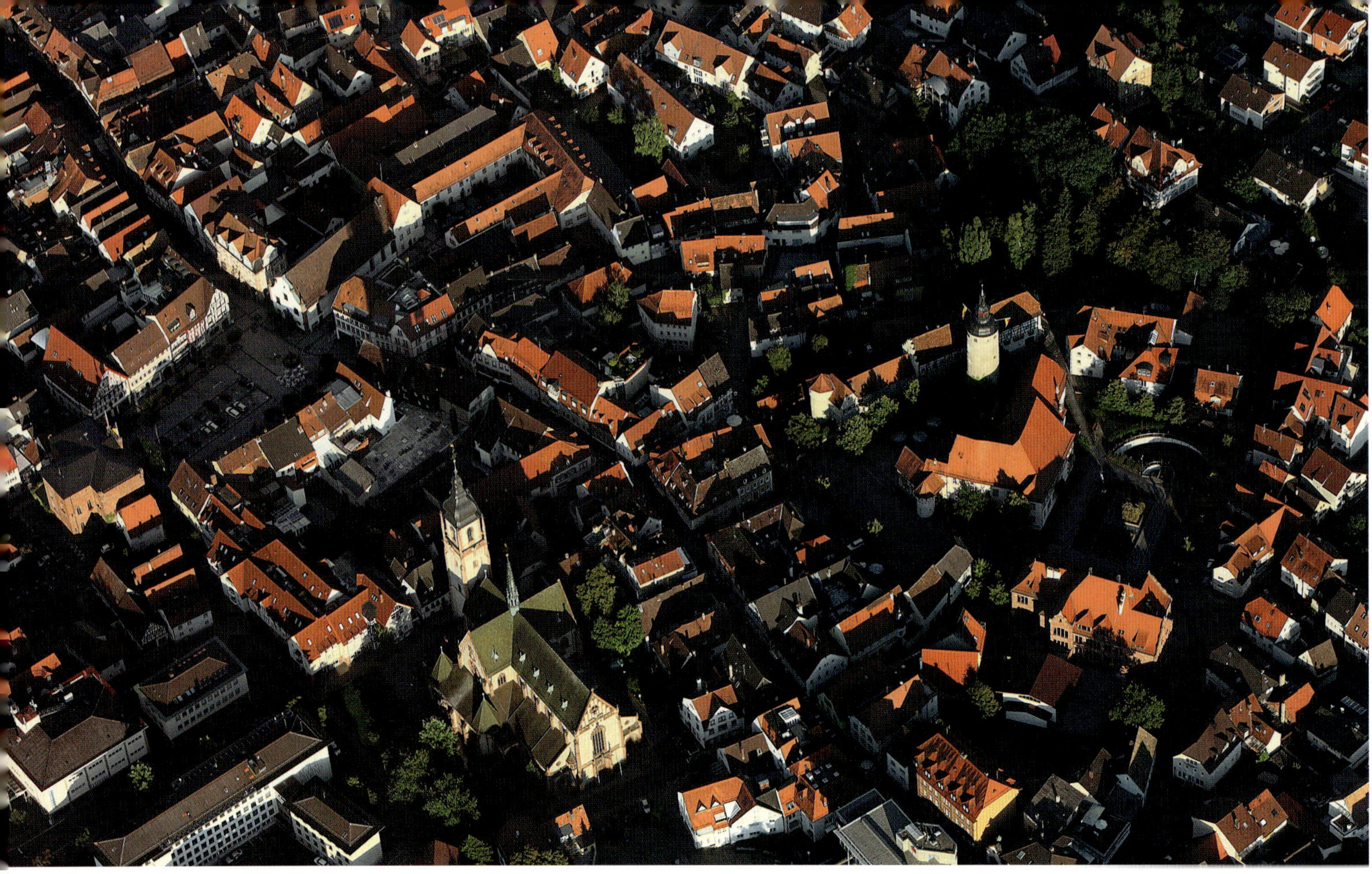

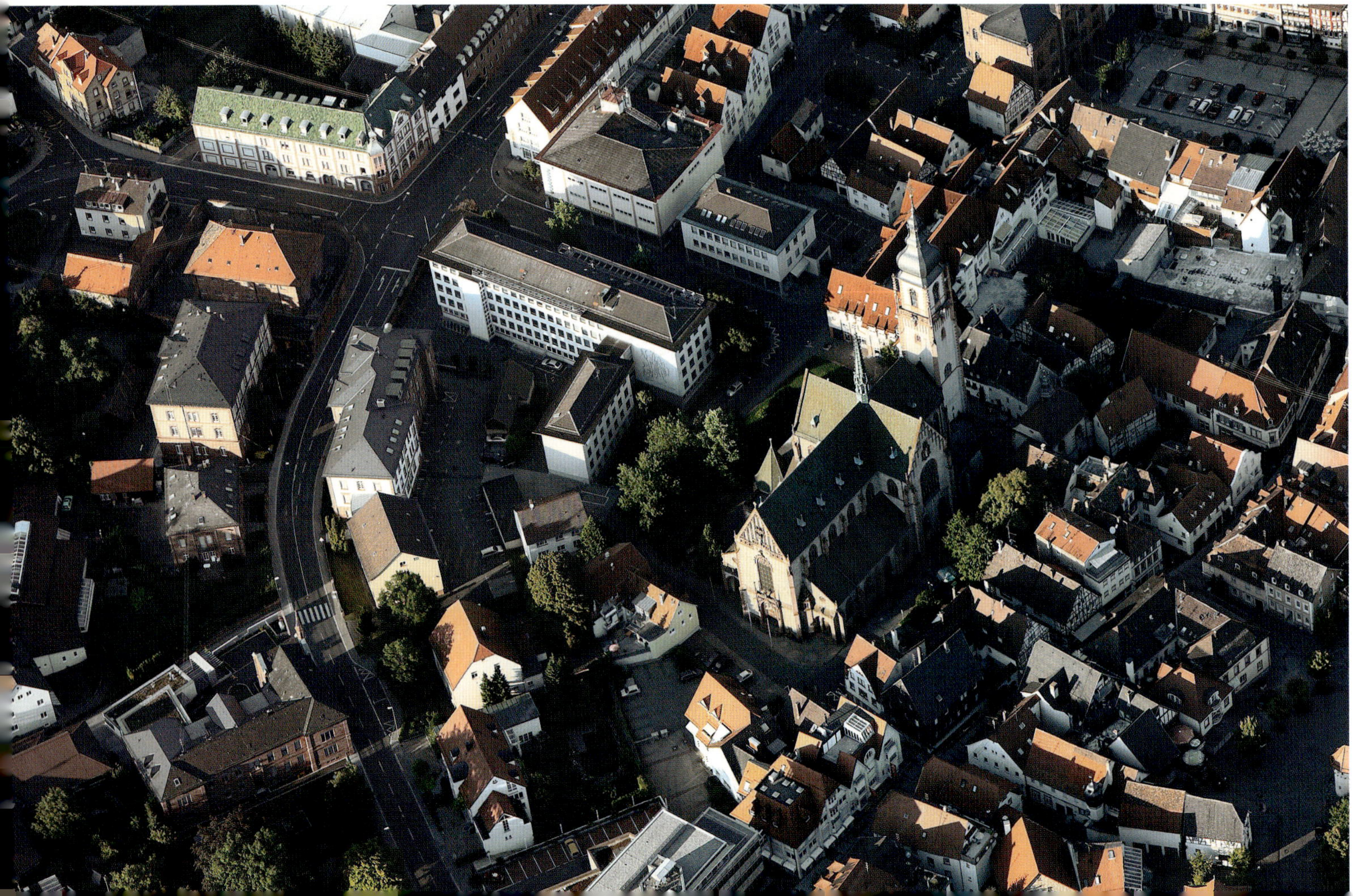

Das Taubertal

◄ Tauberbischofsheim ist eine Kreisstadt mit fast 13.000 Einwohnern. Stadtherr war fast sechs Jahrhunderte lang der Kurmainzer Erzbischof. Die Enklaven-Situation hatte nach einer Stadtbefestigung sowie einem repräsentativen Stadtschloss verlangt. 1806 wurde Tauberbischofsheim eine badische Stadt.

Die Stadtkirche St. Martin in Tauberbischofsheim zeigt allein durch ihren Patron in die karolingische Zeit. Der heutige neugotische Bau stammt jedoch aus den Jahren unmittelbar vor 1914. Ein besonderes kunsthistorisches Kleinod ist der Tauberbischofsheimer Altar, ein Spätwerk Matthias Grünewalds, sozusagen in den allerletzten gotischen Jahren. Er könnte vom Mainzer Domkapitel in Auftrag gegeben worden sein. Seit 1900 befindet sich der einzigartige Altar in der Staatlichen Kunsthalle
◄ Karlsruhe.

Die Talbrücke der A81 überspannt im weiten Bogen das breite Taubertal und zeigt auch aus der Luftperspektive die enormen Höhenunterschiede der Landschaft.

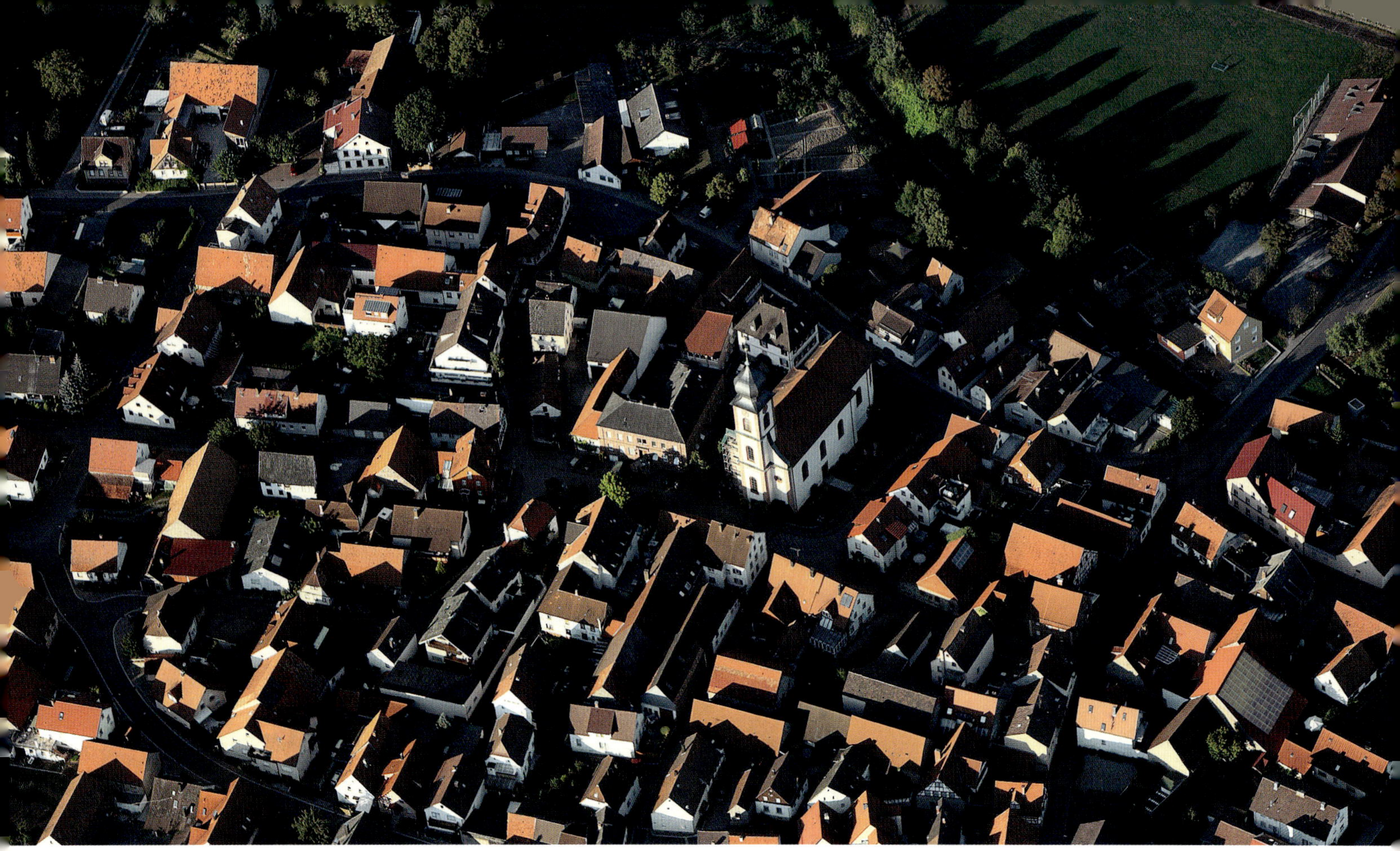

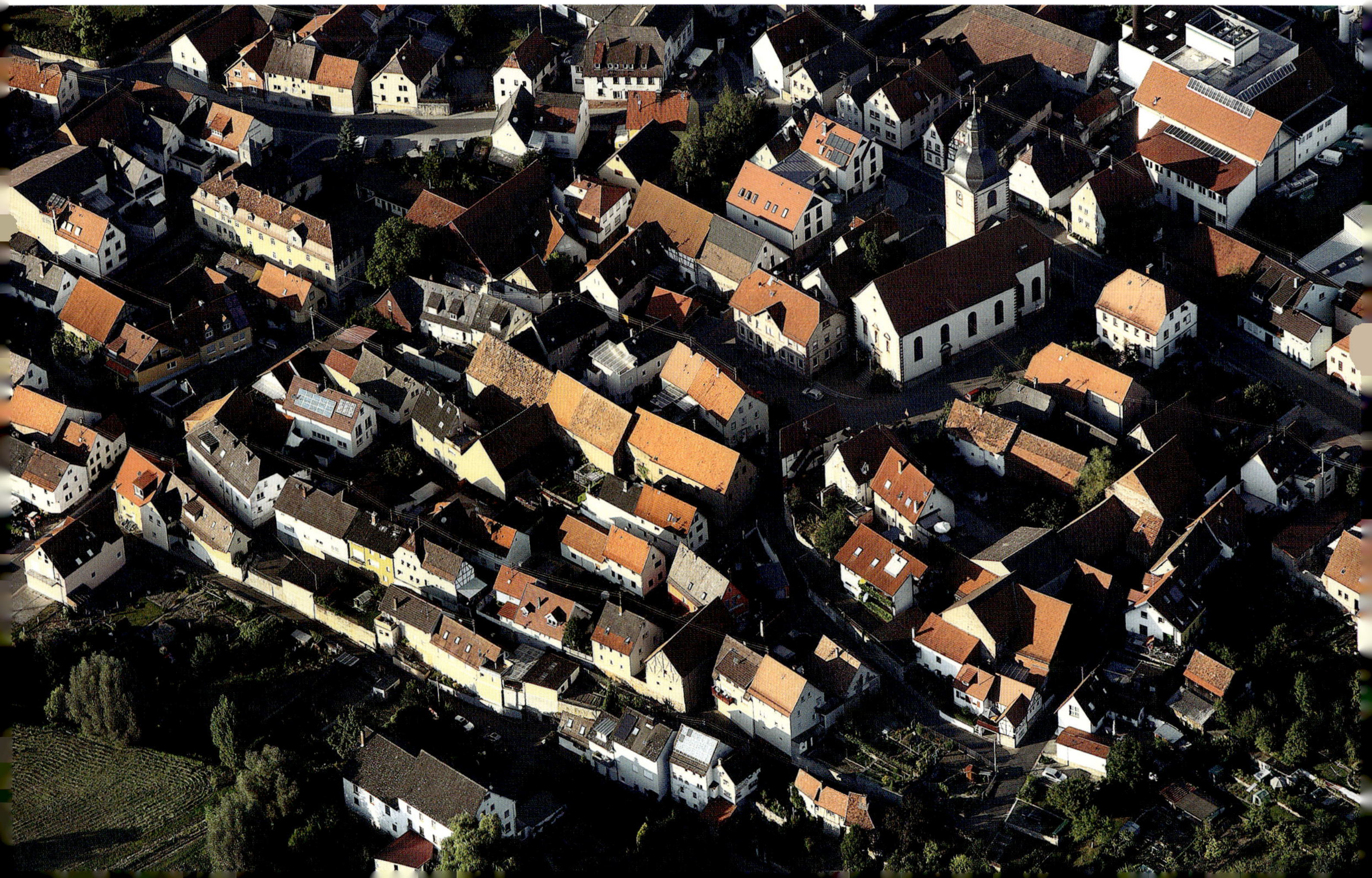

◄ Dittigheim kann mit dem „Dittigheimer Steinschmätzer" auf eine eigene Weinlage verweisen.

In Gerlachsheim ist der ehemalige Klosterbau der Prämonstratenser nicht zu übersehen, der im Bauernkrieg 1525 verwüstet wurde. Eine wechselvolle Geschichte folgte: Bis 1875 war das Kloster beispielsweise badisches Bezirksamtsgebäude, seit 1952 dient es als Seniorenheim des Landes Baden-Württemberg.

◄ Die Markuskirche in Distelhausen wurde 1735 unter Aufsicht des bedeutenden Würzburger Baumeisters Balthasar Neumann erbaut, die Finanzierung erfolgte zum Teil durch das Würzburger Juliusspital. Hier war also Würzburger Land.

Das Taubertal

Königshofen war zu Ostern 1945 von US-Truppen zu drei Viertel zerstört worden, obwohl es nichts Kriegswichtiges im Ort gegeben hatte.

Das Deutschherrenschloss in Bad Mergentheim war die repräsentative Ordenszentrale, von der aus der Orden bis zum Ende des Alten Reiches (1802) in ganz Deutschland geleitet wurde. Der Deutschherrenorden hatte vorzugsweise nachgeborene Adelige in seine Reihen aufgenommen und im Spätmittelalter im Baltikum sogar einen eigenen Deutschordensstaat begründet.

Das Taubertal

Igersheim war 350 Jahre lang ein Ort des Deutschen Ordens und gehörte zur Deutschordensballei Franken. Erst 1809 fiel Igersheim durch Napoleon an das neu geschaffene Königreich Württemberg.

Bad Mergentheim war 1809 an das Königreich Württemberg gefallen und gleich mit einem Aufstand gegen die neue Herrschaft aufgefallen: Die jungen Männer des Orts hatten sich einer zwangsweisen Rekrutenaushebung widersetzt, sie wollten verständlicherweise nicht zum Kanonenfutter für aristokratische Herren verkommen.

In Markelsheim zeigt der Engelsberg Reste der ehemaligen Beginenklause, die bis 1408 bestanden hatte. Heute ist hier die Grundschule Markelsheim untergebracht.

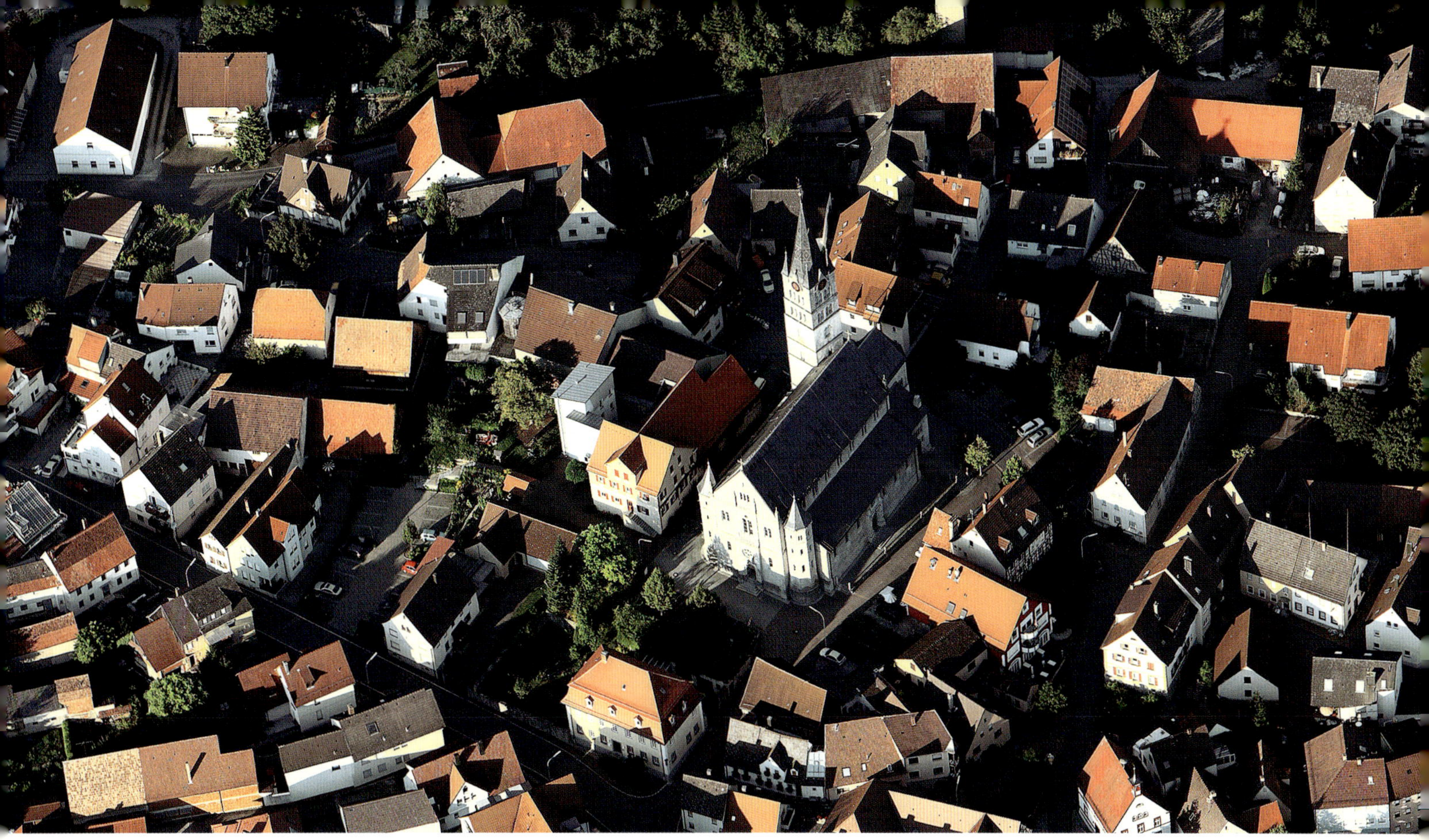
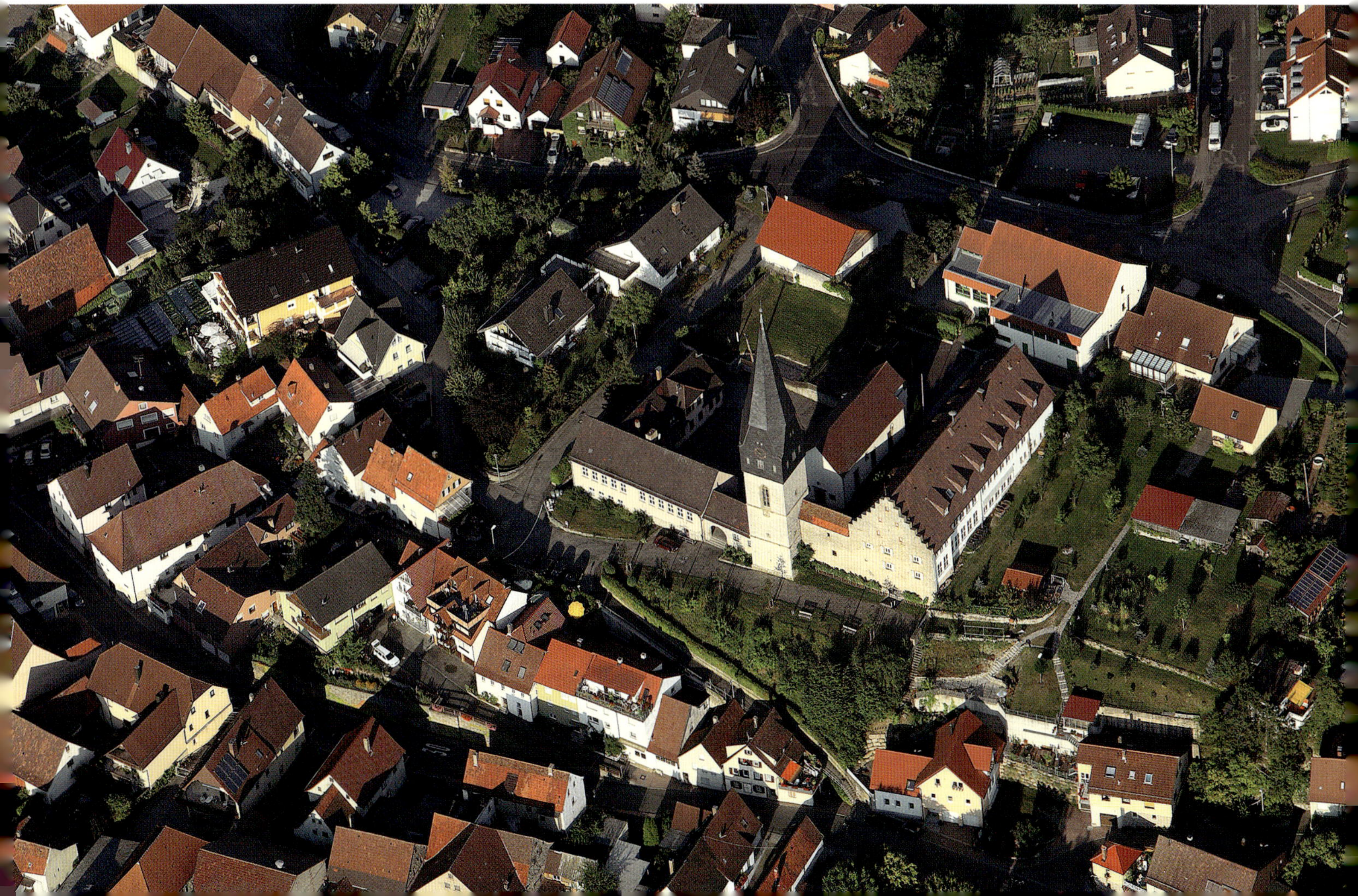

Das Taubertal

Das Taubertal

Schäftersheim war im Mittelalter ein Prämonstratenserinnenkloster, das bereits 1543 im Zuge der Reformation aufgelöst wurde. Schnell wurden Gebäude, darunter eine Kapelle, abgerissen. Nur wenige Gebäude blieben erhalten, die quadratische Bauform erinnert noch an das Kloster.

◄ Schloss Weikersheim war der Stammsitz der Herren von Hohenlohe und gilt als schönstes hohenlohisches Schloss. Der Park ist nach dem Vorbild von Versailles angelegt, dem damals alle adeligen Bauherren nachzueifern schienen, und zählt zu den frühesten Barockgärten Frankens. Das Schloss gehört heute dem Land Baden-Württemberg, das mit enormen finanziellen Mitteln für dessen Erhalt aufkommt.

Das Taubertal

Tauberreittersheim ist mit gut 850 Einwohnern eine kleine, aber eigenständige Gemeinde an der Tauber.

Röttingen hat mit dem „Röttinger Feuerstein" eine eigene, ca. 30 Hektar große Weinlage, in der meist Müller-Thurgau und Silvaner heranwachsen, wo aber auch mit dem Tauberschwarz die jahrhundertealte, autochthone Rebsorte Tauberfrankens gepflegt wird.

◄ Der Plan für die traditionelle, nahezu fast symmetrische Tauberbrücke stammte von keinem Geringeren als dem Würzburger Hofbaumeister Balthasar Neumann.

Das Taubertal

Bieberehren mit seinen knapp 1.000 Einwohnern ist eine kleine Gemeinde an der Tauber, die gut vier Jahrhunderte zu Bamberg gehörte. Der Ortsname geht auf die früheren aristokratischen Besitzer der Biberer zurück.

Burg Brauneck wird heute als landwirtschaftlicher Betrieb genutzt. Ihre Funktion als Burg hat sie bereits im Bauernkrieg 1525 verloren, als sie von wütenden Bauern der Umgebung gestürmt, geplündert und ausgebrannt worden war. Wehrhaft erscheint sie dennoch noch.

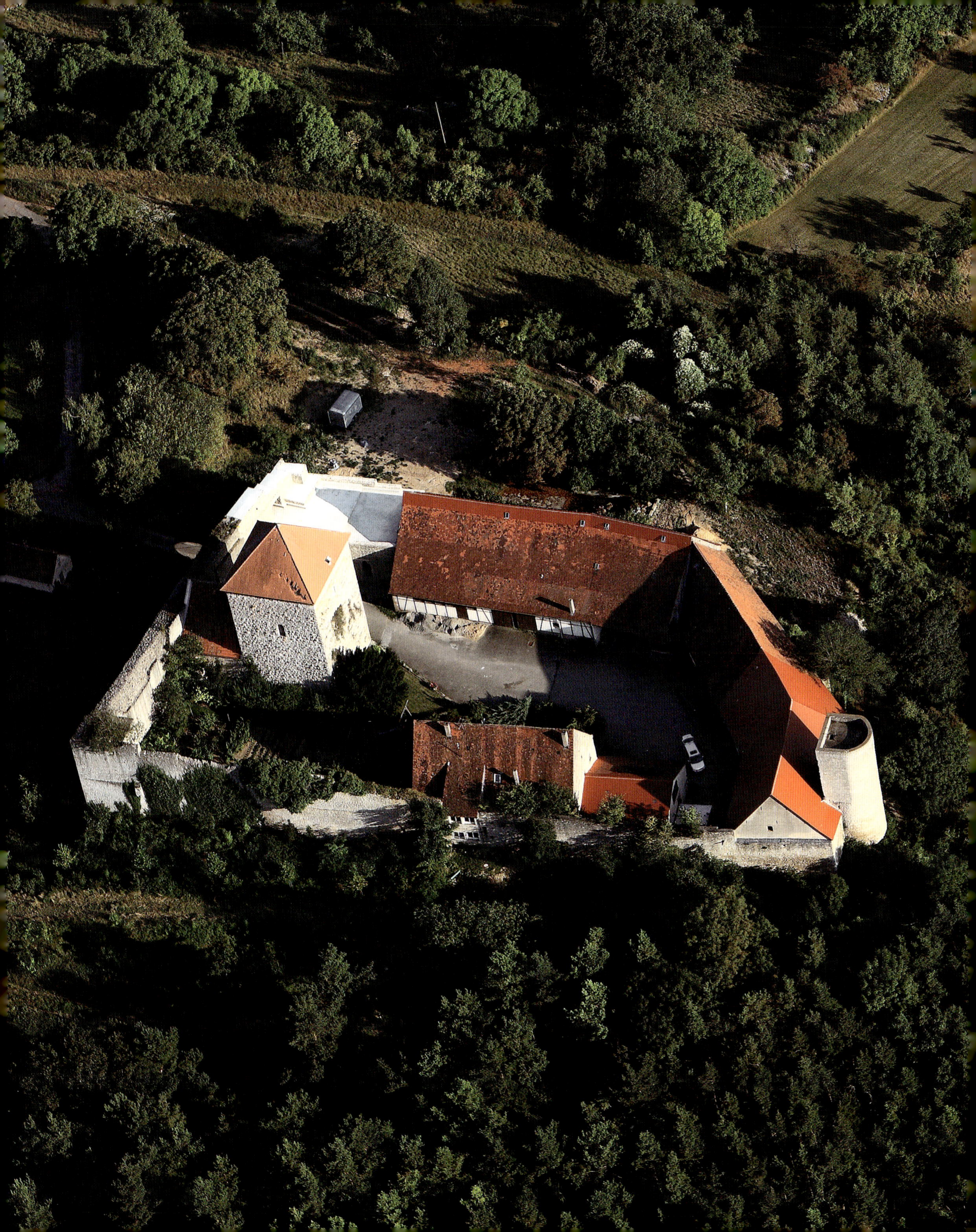

Das Taubertal

Die Stadt Creglingen ist zu Recht stolz auf ihren gut 500-jährigen Marienaltar von Tilman Riemenschneider (1460–1531) in der Herrgottskirche. Die Holzskulpturen zeichnen sich durch ausdrucksstarke Gesichter aus und gelten daher als Höhepunkt der mittelalterlichen Holzbildhauerkunst.

Die Tauber ist selbst im Mittellauf immer noch ein kleines Flüsschen mit land- und forstwirtschaftlich genutzten Ufern. Das schmale Tal bildet die Landesgrenze zwischen Bayern und Baden-Württemberg.

Das Taubertal

Das Taubertal

Schwarzenmühle. ▶

Das kleine Kirchdorf Tauberzell ist der einzige Weinbauort im bayerischen Landkreis Ansbach. Seine Einzellage heißt Hasennestle. Als Kuriosum kann gelten, dass es hier ein Fremdenzimmer gibt, durch dessen Doppelbetthälften eine Landesgrenze verläuft: Die eine Hälfte steht in Baden-Württemberg, die andere in Bayern.

Evangelische Tagungsstätte Wildbad in ▶
Rothenburg ob der Tauber.

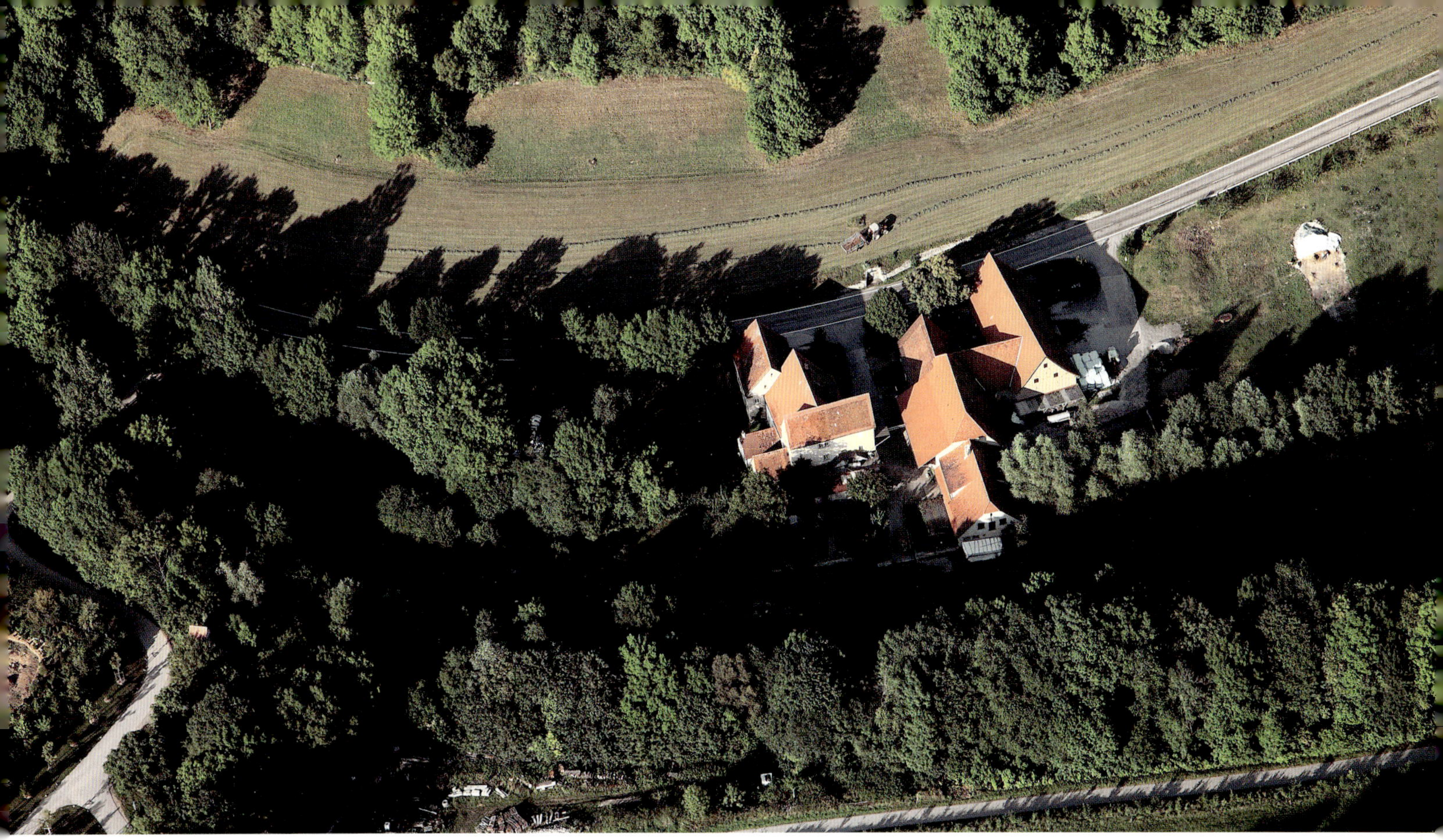

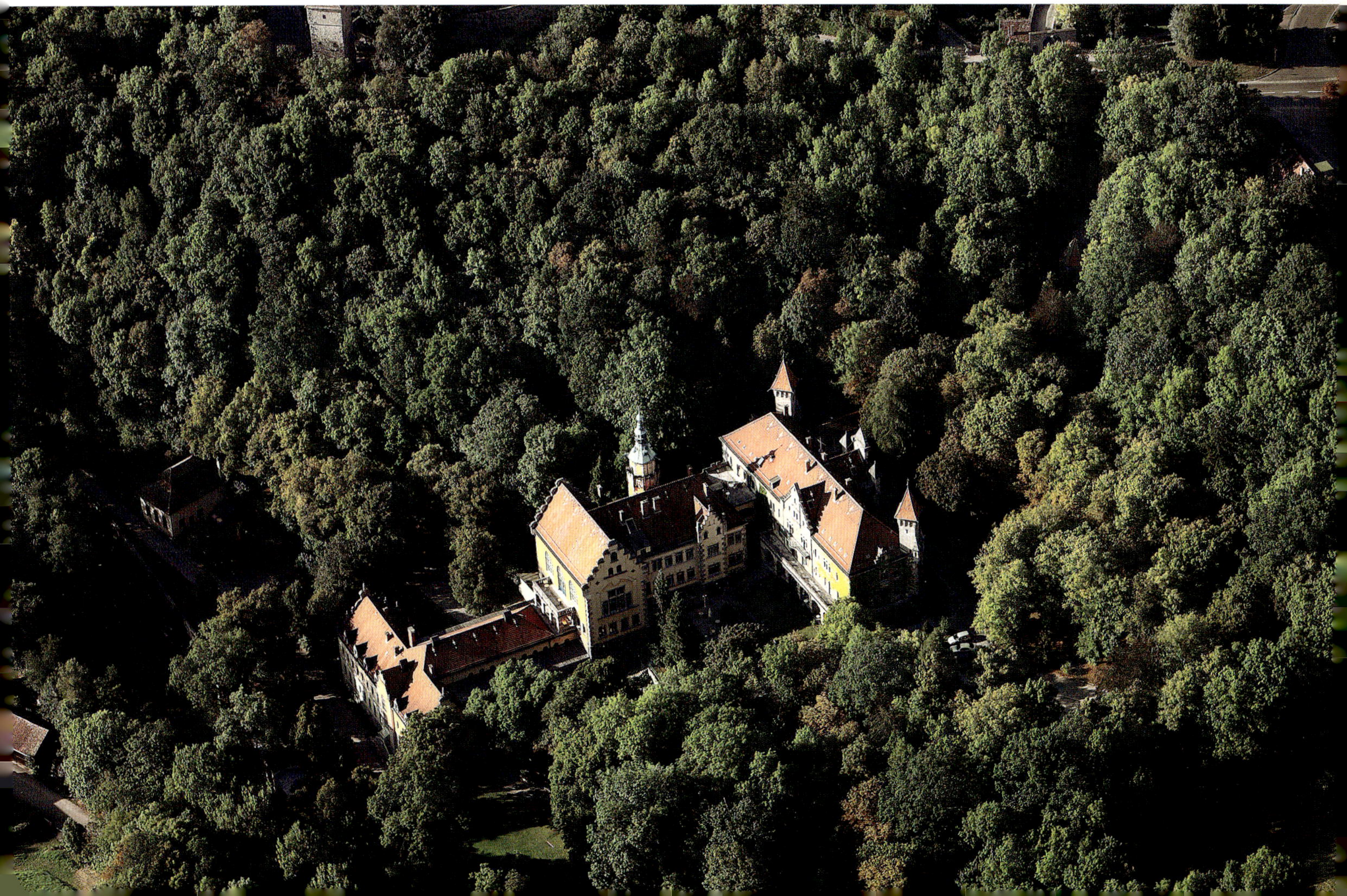

Die Romantische Straße ist eine kulturell geprägte Ferienstraße. Dennoch ergibt eine Unterteilung nach geologischen Gesichtspunkten Sinn: Hier also beginnt das Keuperland, dessen geologische Epoche vor ziemlich genau 200 Millionen Jahren zu Ende ging. 35 Millionen Jahre lang hatten sich Keuper-Sedimente auf dem Boden des Germanischen Beckens ablagern können.

Fränkisches Keuperland

Rothenburg ob der Tauber liegt heute an der bayerischen Landesgrenze. Über ein halbes Jahrtausend war es eine Freie Reichsstadt, nur dem fernen Kaiser untertan.

Man kaufte bis in die Neuzeit immer mehr Land rundum auf und wurde so zu einem kleinen Stadtstaat. Der Dreißigjährige Krieg war ein Einschnitt: Zwar wurde aufgrund des „Meistertrunks" (der Bürgermeister musste 3,25 l Wein in einem Zug leeren) die Stadt nicht zerstört, sie versank aber fortan in einen Dornröschenschlaf. Daher blieb Rothenburg weitgehend im alten Bauzustand erhalten und war bereits vor dem Zweiten Weltkrieg bedeutender Tourismusort. Erst im Zweiten Weltkrieg haben US-Bomben Rothenburg zur Hälfte dem Erdboden gleichgemacht, ein originalgetreuer Wiederaufbau war aber sozusagen Pflicht.

Insingen hatte dem Reichsstift Rothenburg gehört und war damit zum Fränkischen Reichskreis zugehörig. Teile der Vogtei lagen in der Markgrafschaft Ansbach, weswegen in den letzten Jahren der Selbstständigkeit Preußen das Sagen hatte. Mit dem Reichsdeputationshauptschluss von 1803 fiel man wie Rothenburg an das Kurfürstentum Bayern. Schillingsfürst ist einer der ganz wenigen Orte des Landes, die genau im Jahr 1000 erstmals kaiserlich beurkundet sind; damals ging es um Grenzen eines Wildbannbezirks. Besonders viel Schriftwechsel gibt es aus dem Jahr 1792, als die Markgrafschaft Ansbach an Preußen „verscherbelt" wurde. Preußen war auf dem besten Weg, sich in Süddeutschland einzunisten. Der ferne Kaiser in Wien war überfordert, dank des „Emporkömmlings" Napoleon war das preußische Intermezzo aber nur ein Wimpernschlag in der Geschichte: Nicht einmal eineinhalb Jahrzehnte später übernahm das Königreich Bayern das Zepter in dieser Region.

Wörnitz ist nach dem gleichnamigen 132 Kilometer langen Fluss benannt, der von der Frankenhöhe nach Donauwörth fließt. Hier hat sich seit vier Jahrhunderten die Tradition des täglichen „Türkenläutens" gehalten. Im Dreißigjährigen Krieg hatte nämlich dichtester Nebel das Dorf vor Zerstörung durch kaiserliche und kroatische Truppen bewahrt, die wegen ihrer bunten Uniformen Türken genannt wurden. Seitdem läutet in Wörnitz tagtäglich morgens um acht Uhr die „Türkenglocke".

Feuchtwangen war eine Reichsklosterstadt, 818 ist die Reichsabtei erstmals urkundlich genannt. Bis hierher reichte das Augsburger Bistum. Später wurde das Kloster in ein Augustiner-Chorherren-Stift umgewandelt. Das Besondere war neben dem bedeutenden Landbesitz die Existenz von Reliquien, beispielsweise hütete man einen Nagel vom Kreuz Christi. Auch dies half Feuchtwangen, zur Freien Reichsstadt aufzusteigen. Allerdings währte dieses Recht de facto nicht lange, da Stadt und Stift noch im Mittelalter vom Kaiser an die Burggrafschaft Nürnberg verpfändet und nie mehr ausgelöst wurden. Da half es auch nichts, dass man bis 1803 de jure Freie Reichstadt blieb. Das mittelalterliche Flair Feuchtwangens ist gut erhalten, den letzten Krieg hatte die Kernstadt völlig unbeschadet überstanden; der repräsentative Marktplatz wird daher schon mal als „Festsaal Frankens" bezeichnet. Die ehemalige Stiftskirche mit ihren ungleichen Türmen zeigt auf die große kirchliche Vergangenheit, der romanische Kreuzgang beeindruckt durch mittelalterliche Authentizität. Heute sind sie regelmäßige Kulisse für das Freilichttheater der Kreuzgangspiele.

Die Marktgemeinde Schopfloch war kurz nach dem Dreißigjährigen Krieg eine österreichische Gemeinde. Die Obrigkeit war nämlich der Meinung, nach dem Kriegsdesaster viel zu wenig steuerzahlende Bürger zu haben, um ihren aufwendigen Lebensstil weiter finanzieren zu können. Also kaufte man sich neue Bürger ein. Die Neubürger mussten ganz unten als Wanderarbeiter anfangen, deren Frauen waren Hilfsarbeiterinnen, sogenannte Mörtelschicksen.

Dinkelsbühl hatte das ganz große Glück, überhaupt nicht mit US-Bomben bedacht worden zu sein. Kaum eine andere Stadt Deutschlands hatte dieses Glück, weshalb sich Dinkelsbühl denn auch als Märchenstadt sieht. Dieses große Glück bedingte auch, dass der originale Mauerring, seine Basteien und Türme und das gotische Münster im Originalzustand erhalten sind. Gut ein halbes Jahrtausend war Dinkelsbühl eine Freie Reichsstadt, also eine kleine Stadtrepublik mit anhängigem Territorium, deren Steuergelder in aller Regel in der Stadt blieben. Diese Prosperität seit dem Hochmittelalter sieht man der Stadt an. Die spätgotische Stadtpfarrkirche St. Georg wurde 1499 fertiggestellt. Der verantwortliche Baumeister hatte bereits in Rothenburg und in Nördlingen beim Kirchenbau mitgearbeitet. Heute haben die Stadtoberen den besonderen Glücksfall der Stadt erkannt und versuchen, mit strikten Bauvorschriften den mittelalterlichen Charakter der Stadt zu erhalten. Dies erfordert mehr als ein bloßes Verbot von Leuchtreklame oder zwingende Vorschriften zu Dacheindeckungen. Alle Bürger der Stadt müssen dabei an einem Strang ziehen – und sie machen dies auch!

Wilburgstetten war im Hochmittelalter Grafenland derer von Oettingen, ein eigenständiger Wilburgstettner Ortsadel war zu Diensten. Deren Burgen wurden zu Keimzellen örtlicher Ansiedlungen. Im Spätmittelalter kam man unter den maßgeblichen Einfluss der Freien Reichsstadt Dinkelsbühl, die damals auch das Brücken-Zollrecht innehatte. Dennoch blieb Wilburgstetten in kirchlicher Hinsicht eine römisch-katholische Enklave inmitten protestantischer Mehrheiten.

Fränkisches Keuperland

Fränkisches Keuperland

Rothenburg ob der Tauber ist ohne Zweifel eine eigene Reise wert. Hier scheint die Zeit im Mittelalter stehengeblieben zu sein, hier finden Reisende das, was sie sich unter Romantik vorstellen (obwohl die Stilepoche der Romantik weit später angesiedelt ist). Völlig zu Recht ist die Stadt heute Weltkulturerbe.

Fränkisches Keuperland

Aus der Vogelperspektive ist insbesondere das harmonisch geschlossene Stadtbild Rothenburgs ob der Tauber beeindruckend. Hier haben Generationen von Einwohnern ihr Lebenswerk investiert und sich über Jahrhunderte an eine gemeinsame Vision gehalten.

Das Galgentor und das Röderschütt sind gute Beispiele mittelalterlicher Bauart. Rothenburg ob der Tauber hat viele weitere davon; jedes mit seinem ganz besonderen Fingerabdruck.

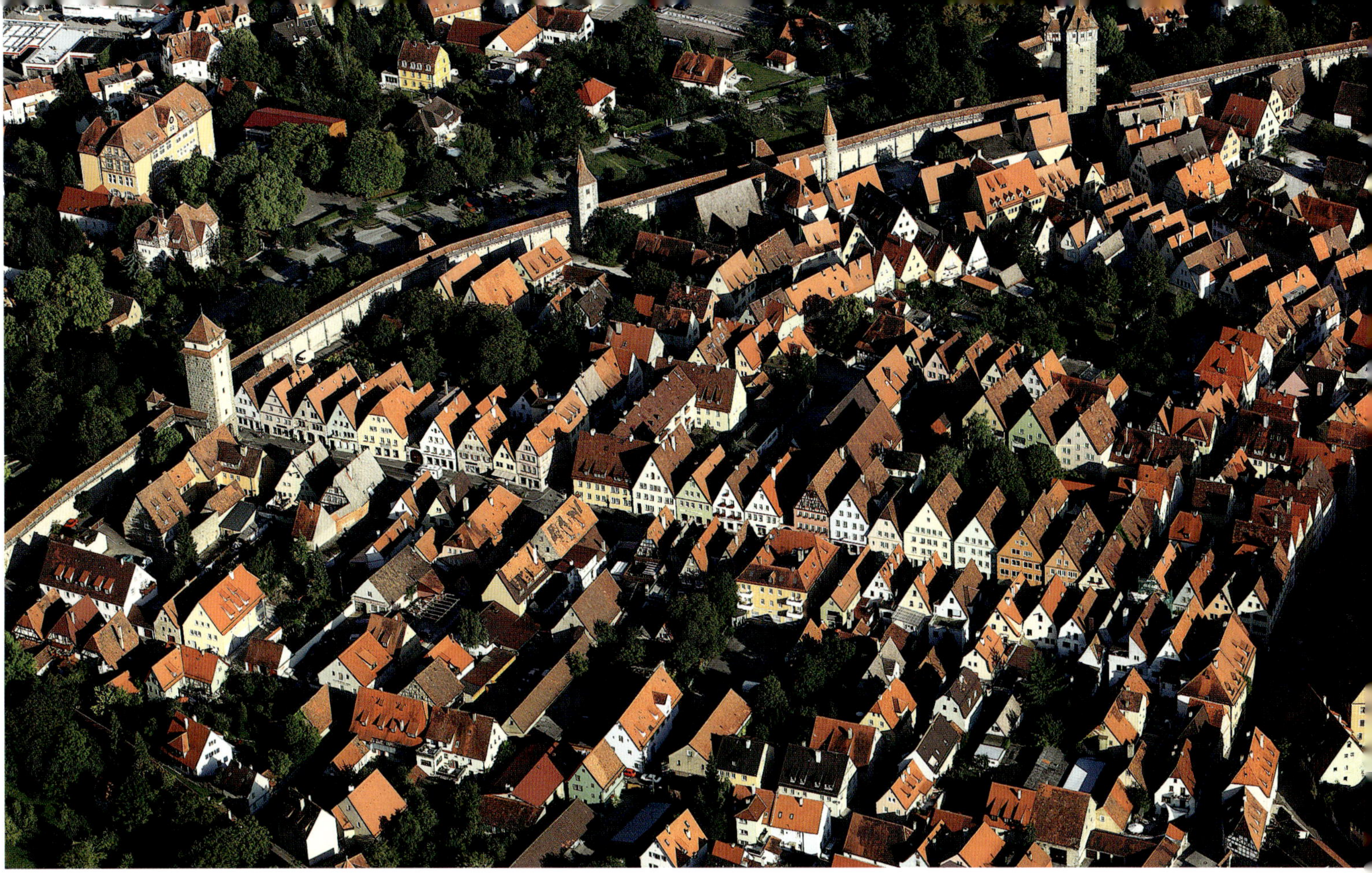

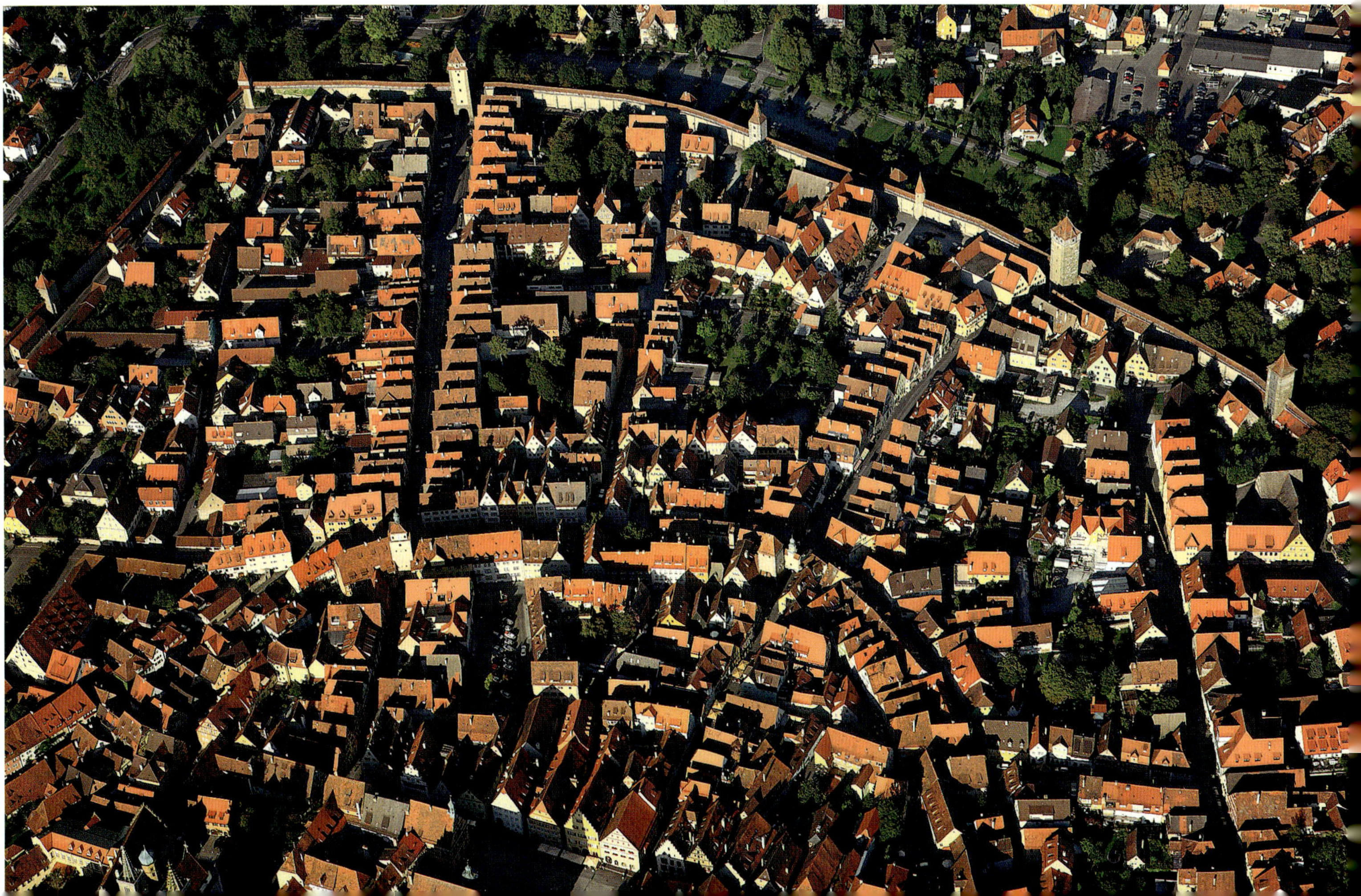

Fränkisches Keuperland

Die Herrngasse war die Hauptverbindung vom Marktplatz zur längst vergangenen Burg. Sie fällt als prächtige Straße mit zahlreichen, repräsentativen Häusern aus verschiedenen Zeitepochen auf, hier wohnten die eher mächtigen Bürger Rothenburgs.

Die Wenggasse und die Spitalgasse sind wie alle Straßen Rothenburgs historische Straßen, die traditionellen Geist atmen. Viele Besucher genießen alljährlich die Atmosphäre des Mittelalters, Rothenburg hat eben was zu bieten!

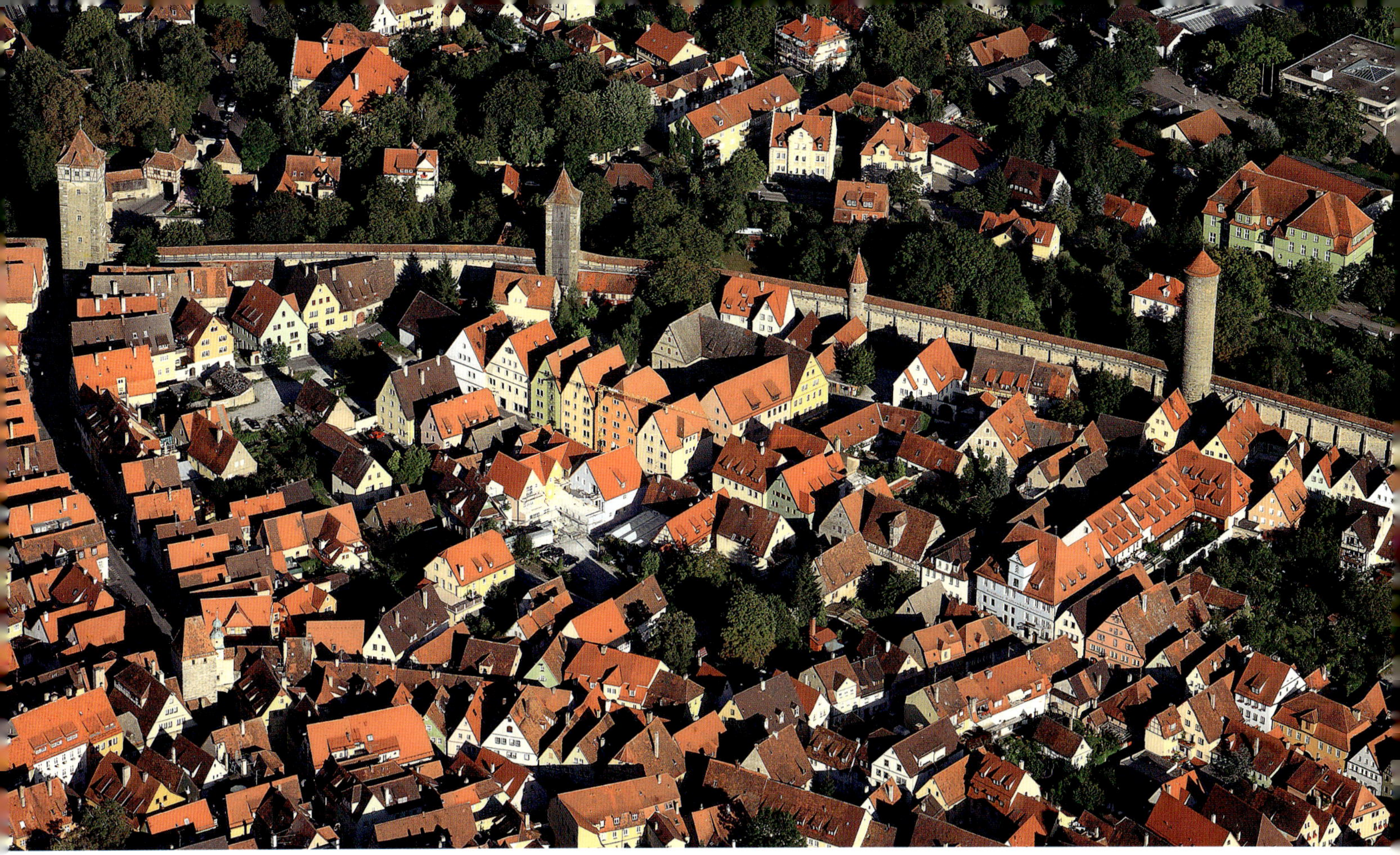

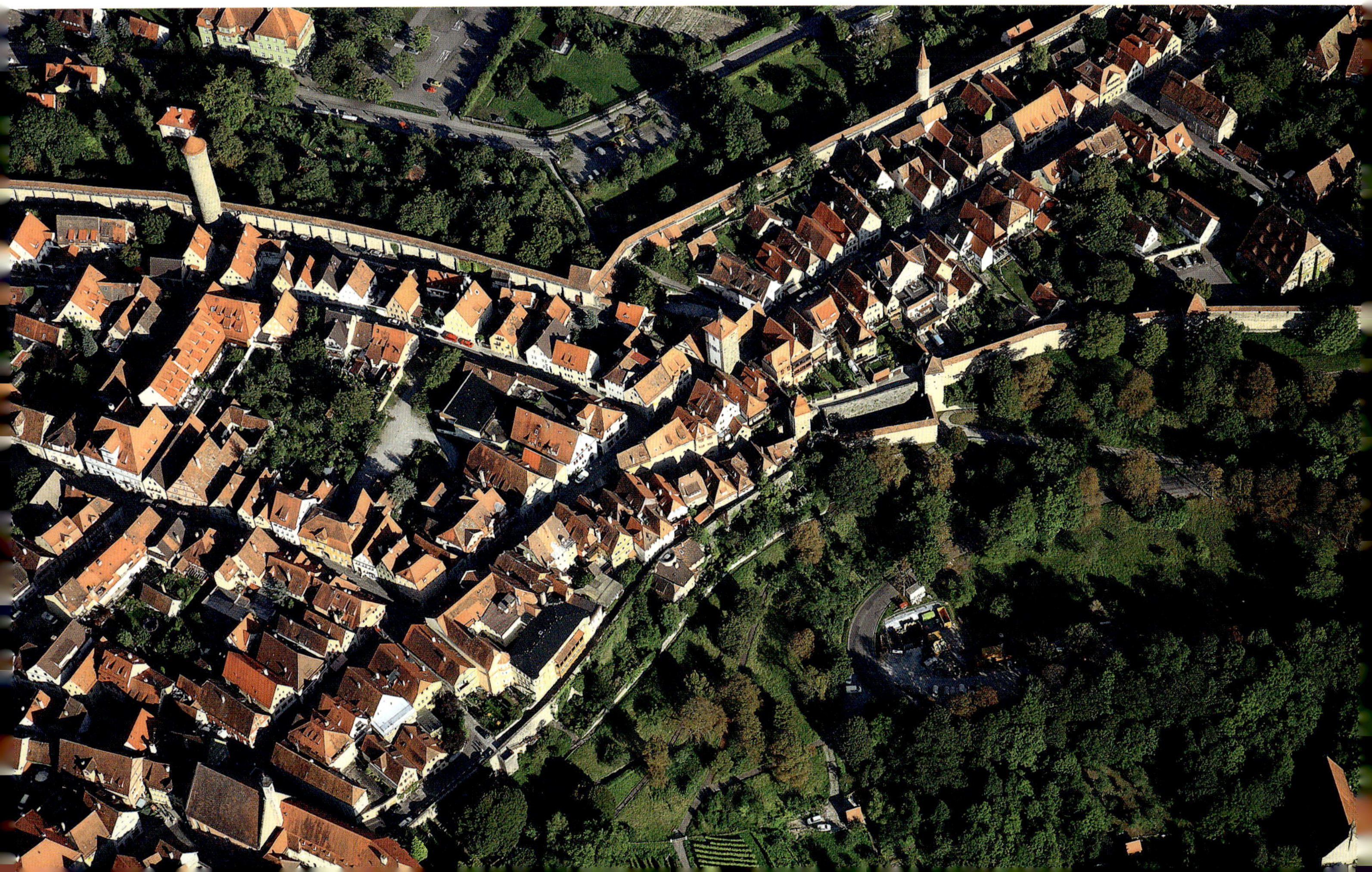

Fränkisches Keuperland

Das dreigeschossige und dreiflügelige Schloss Schillingsfürst umschließt einen Ehrenhof aus der Zeit kurz nach 1700. Manche werden aus dem Geschichtsunterricht noch wissen, dass Fürst Hohenlohe-Schillingsfürst in den Jahren unmittelbar vor 1900 Reichskanzler des Deutschen Kaiserreichs und gleichzeitig preußischer Ministerpräsident war.

Schillingsfürst war bis 1806 ein unabhängiges Reichsfürstentum, das vor allem in den kurzen Preußenjahren der benachbarten Markgrafschaft Ansbach massiv bedängt wurde. Militärische Aktionen setzten sich fast täglich über Reichsrecht hinweg: Beispielsweise beschlagnahmte man nahezu alle Archiv-Akten der Nachbarn, um Regress-Prozesse unmöglich zu machen.

Fränkisches Keuperland

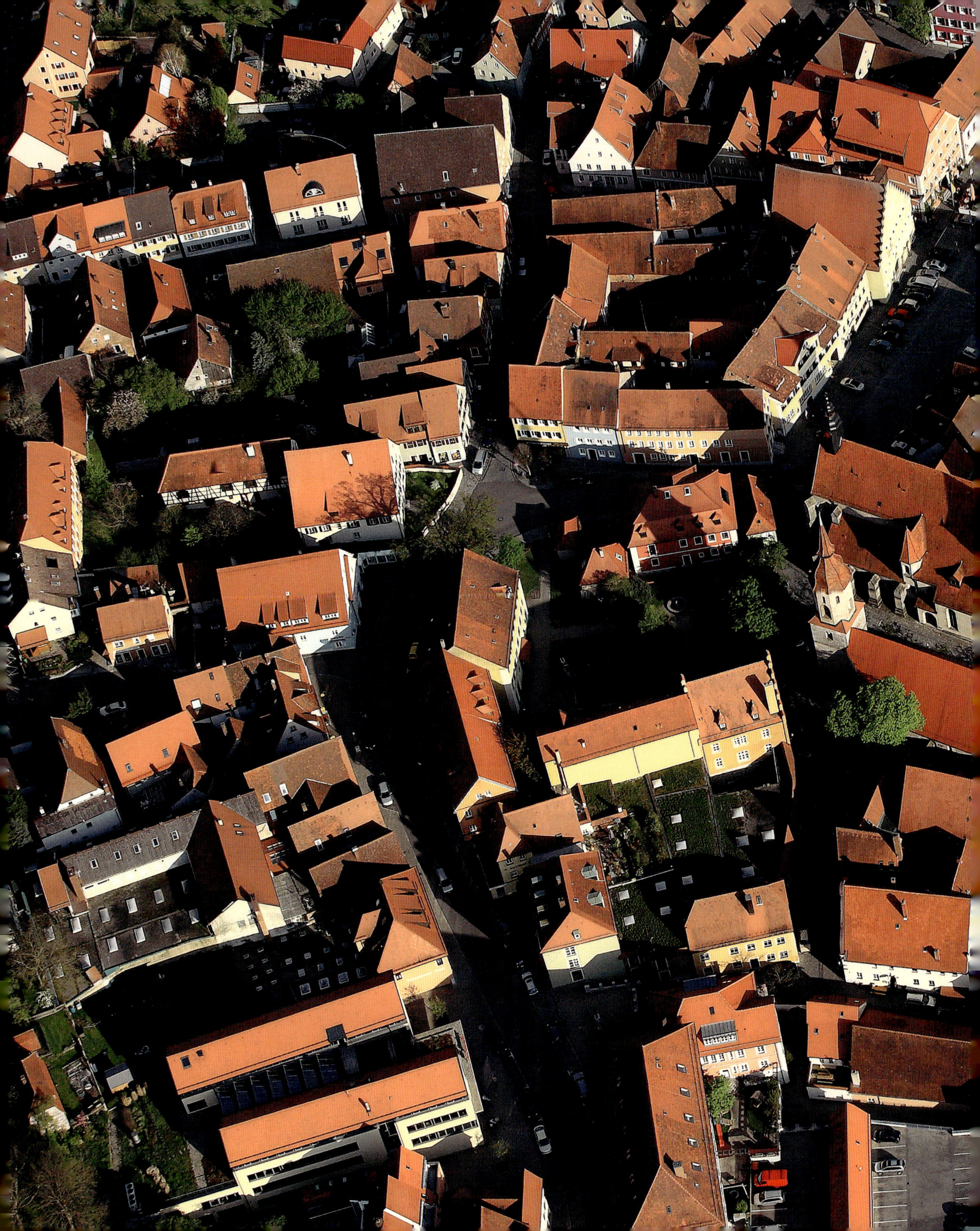

Feuchtwangen wurde 818/819 erstmals urkundlich als „mittelbegüterte" Reichsabtei erwähnt. Damals bestand das Benediktinerkloster St. Salvator als nördlichstes im Bistum Augsburg. Gut drei Jahrhunderte später erfolgte die Umwandlung des Klosters in ein Augustiner-Chorherrenstift, in dem weltliche Kanoniker in eigenen Häusern lebten, aber regelmäßig zum Chorgebet in der Stiftskirche zusammenkamen. Auch als Ortschaft gedieh Feuchtwangen gut, war sogar zeitweise reichsunabhängig. Allerdings war die Stadt zusammen mit dem Stift 1376 an die Burggrafschaft Nürnberg verpfändet und nie wieder ausgelöst worden. Damit war es vorbei mit der Freiheit, auch wenn Feuchtwangen de jure bis 1803 den Status einer verpfändeten Reichsstadt hatte.

Fränkisches Keuperland

Dinkelsbühl konnte sein mittelalterliches Aussehen hervorragend bewahren. In der Nördlinger Straße steht die protestantische Stadtpfarrkirche St. Paul, ein querrechteckiger Saalbau mit mittig vorgestelltem Spitzhelmturm, der katholischen Stadtpfarrkirche St. Georg gegenüber.

Fränkisches Keuperland

Am Oberen Mauerweg und Kapuzinerweg fügt sich das ehemalige Kapuzinerkloster harmonisch in das Stadtbild ein. Es ist im Kern kurz vor dem Dreißigjährigen Krieg entstanden, mehrmals umgebaut worden und schließlich 1908 von den Armen Schulschwestern übernommen worden. Die Klosterkirche ist ein schlichter Saalbau mit einem eingezogenen Rechteckchor.

Fränkisches Keuperland

Die katholische Stadtpfarrkirche dominiert zusammen mit der breiten Martin-Luther-Straße ihren Teil der Altstadt. Die spätgotische Hallenkirche hatte mehrere Bauphasen, der Grundstein zum heutigen Bau stammt aus dem Jahr 1448. Ursprünglich stand die Kirche frei, erst nach der Reformation war die Häuserreihe vor der Kirche entstanden.

Fränkisches Keuperland

Die Nördlinger Straße ist eine langgestreckte Ausfallstraße von Dinkelsbühl nach Nördlingen. 63 Hausnummern zeigen die Länge der Straße an. Dendrochronologische Untersuchungen belegen in nicht wenigen Häusern eindeutig eine Bauzeit im Spätmittelalter.

Fränkisches Keuperland

Die Froschmühle ist ein Einödgehöft an der Wörnitz. Trotz nicht seltener Hochwasser hatten Mühlenbauten keine Alternativen als direkt am Fluss zu stehen. Im Falle der Froschmühle gibt es Hinweise auf ein Baujahr des jetzigen Baus im Jahr 1750.

Die freistehende Kapelle bei Wilburgstetten ist auffallend: Die Heilig-Kreuz-Kapelle wurde um 1745 als Rokokokapelle inmitten der Flur erbaut, genauer gesagt auf dem Burghügel der ehemaligen Limburg. Sie wurde nach heftigem Disput mit dem evangelischen Bürgermeister Dinkelsbühl errichtet und vollständig aus Spendenmitteln finanziert.

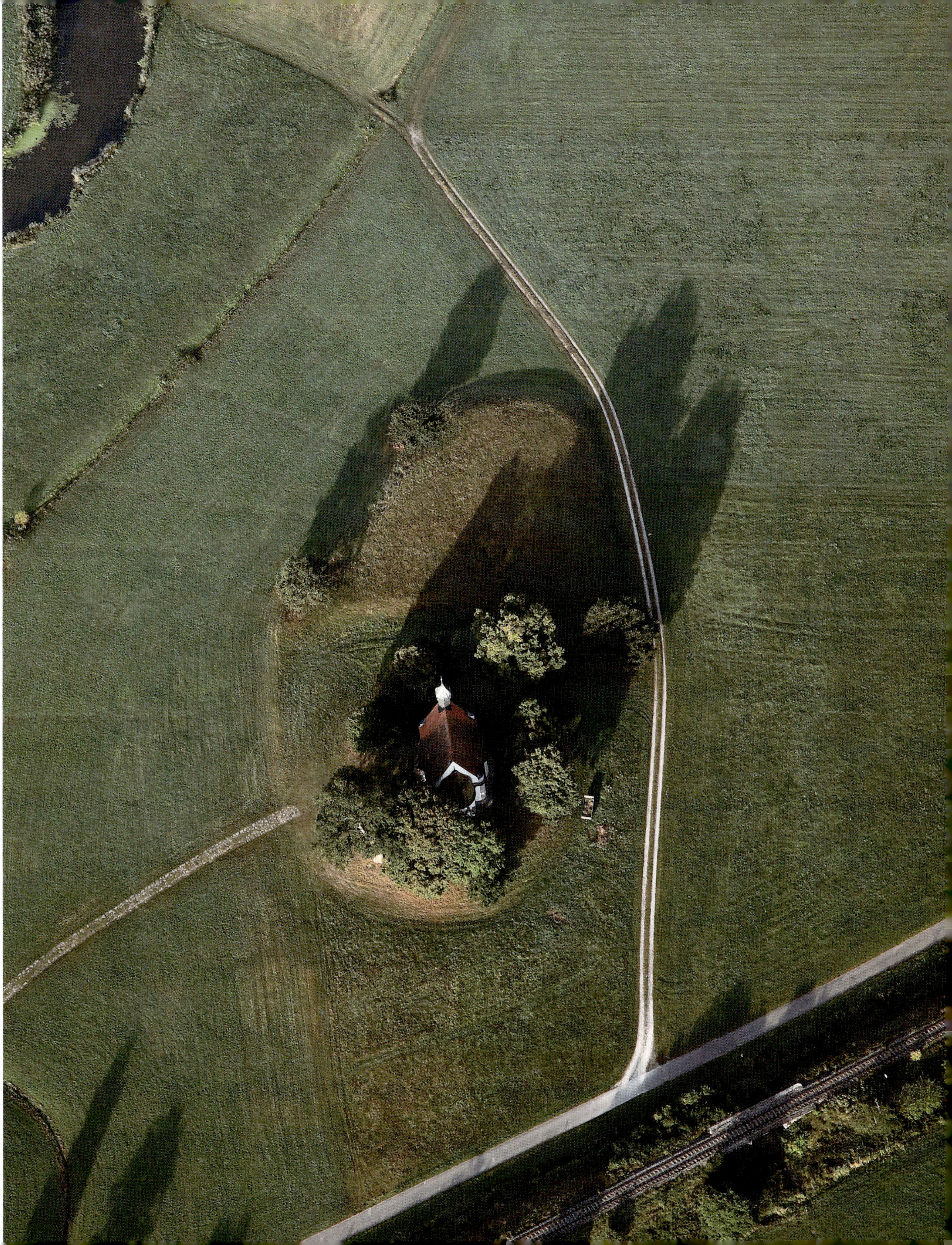

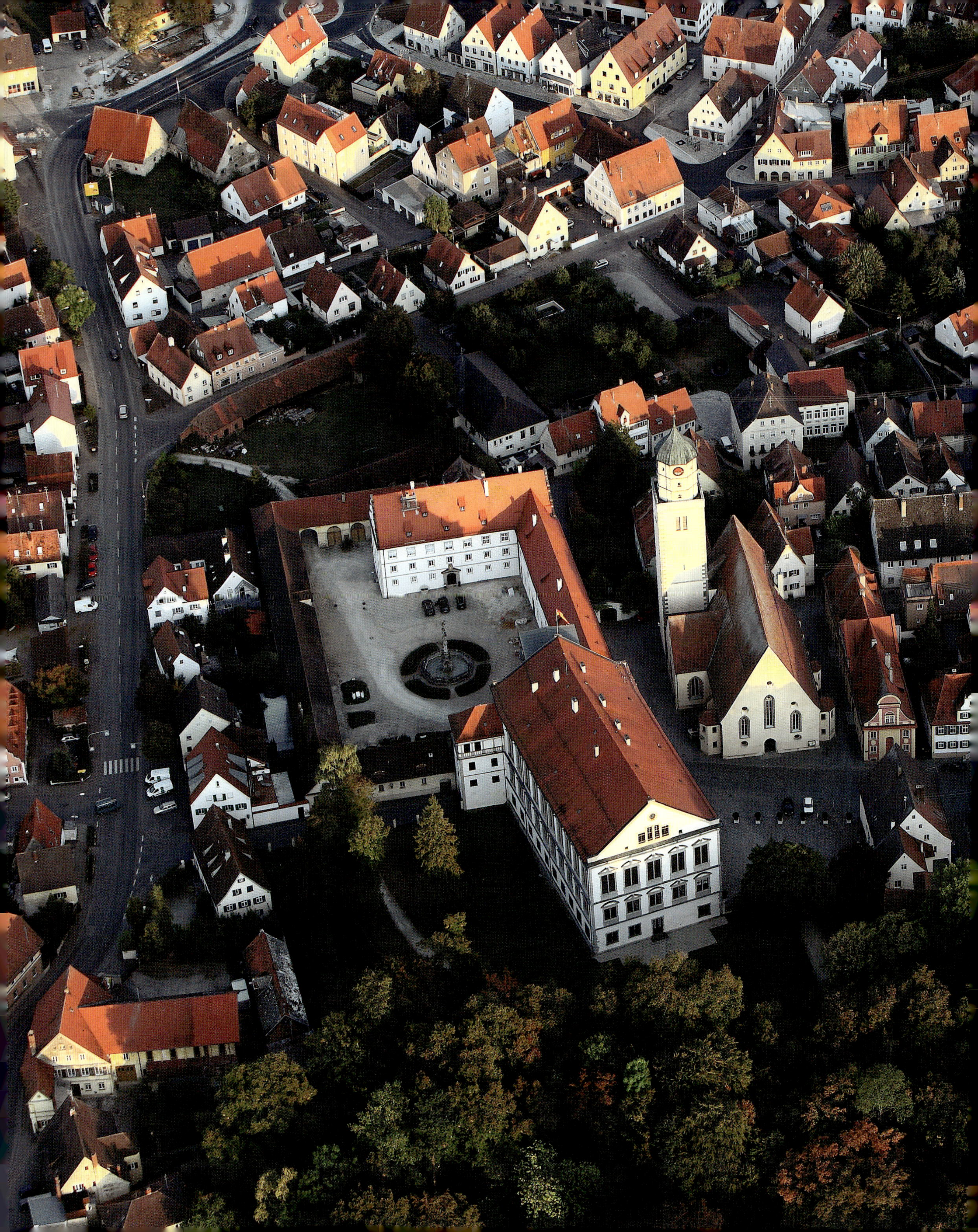

Fränkisches Keuperland

◄ Oettingen liegt bereits in Schwaben. Das „-ingen" im Ortsnamen zeugt von einem alten Ort, dessen Anfänge in die alemannische Landnahmezeit zurückreichen. Die Grafschaft Oettingen hatte nach dem Dreißigjährigen Krieg österreichische Glaubensflüchtlinge angeworben und dadurch den Protestantenanteil in der Bevölkerung beeinflusst.

Das acht Jahrhunderte alte Kirchdorf Heuberg gehört zu Oettingen und liegt an einem Zufluss der Wörnitz. Grundherr in den Anfangsjahrhunderten war der Graf von Oettingen. In der Kirche hatte man in den 1950er-Jahren bei einer Renovierung farbenfrische spätgotische Fresken aus der Erbauungszeit entdeckt.

Fränkisches Keuperland

Die Klosterkirche Immaculata in Maihingen hatte früher zu einem Minoritenkloster gehört. Die unbefleckte Empfängnis (immaculata conceptio) ist in der katholischen Glaubenslehre ein als wichtig erachtetes Dogma, nach dem die Gottesmutter Maria vor der Erbsünde bewahrt wurde. Heute ist in den Klostermauern das Katholische Evangelisationszentrum (KEM) untergebracht.

Unterwilfingen ist stolz auf seine gut 300-jährige Maria-Hilf-Kapelle. Der Ort liegt bereits wieder in Baden-Württemberg, was die große Grenznähe der Romantischen Straße in diesem Verlaufsbereich aufzeigt. Das bauliche Kleinod ist auf dem Kapellenberg etwas außerhalb des Orts errichtet.

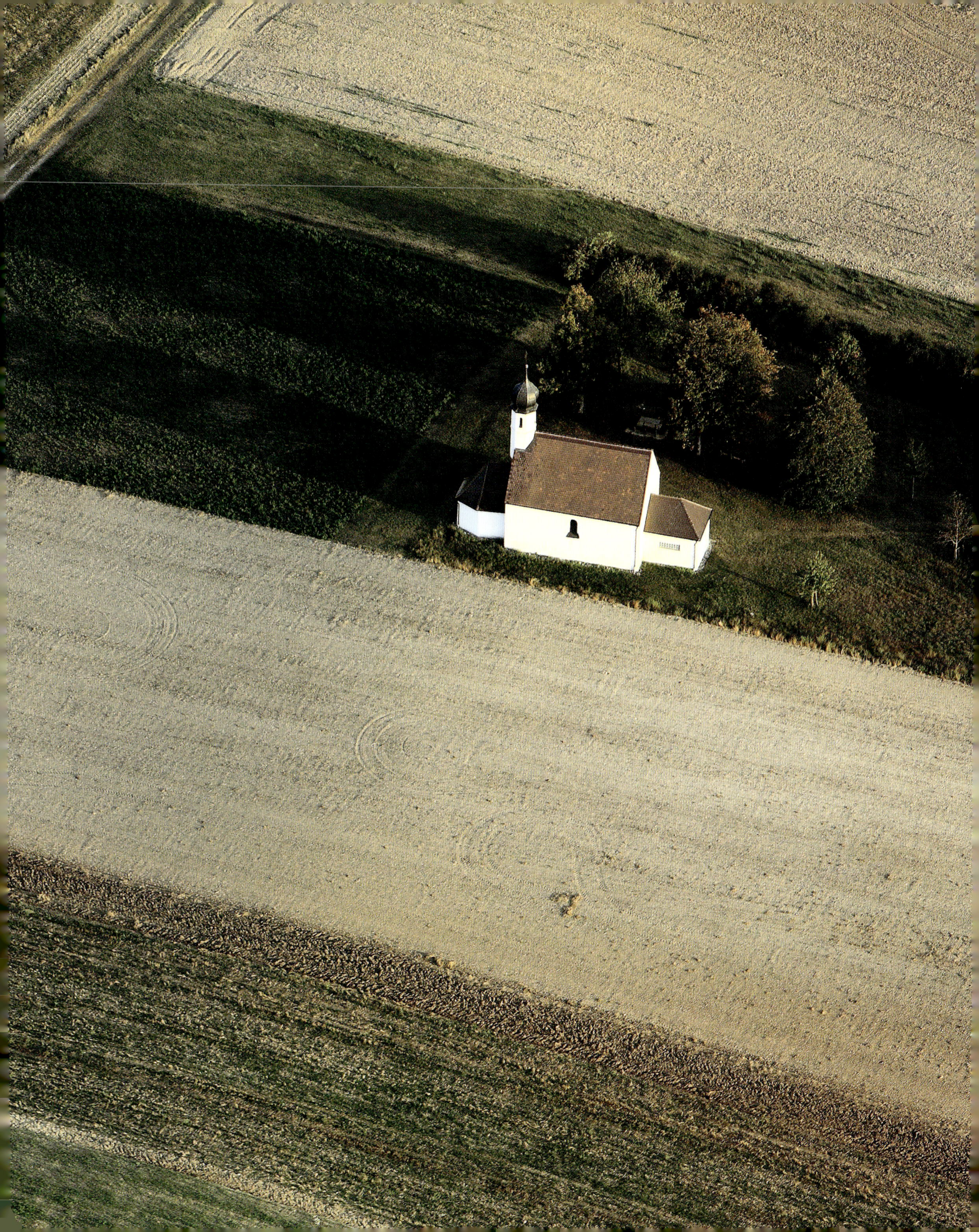

Die Wörnitz durchfließt als kleiner Fluss das weite Ries. Das war bei Weitem nicht immer so, vor allem in den Jahrmillionen nach dem Asteroideneinschlag. Der gut 130 Kilometer lange Fluss schlängelt sich heute in einem nicht selten naturnahen Lauf der Donau entgegen.

Das Nördlinger Ries

Eine flache, kreisrunde Ebene mitten in der ansonsten hügeligen Alb, das ist das Nördlinger Ries; die auffällige Landmarke – ein 14,6 Millionen Jahre alter Einschlagkrater eines Meteoriten – trennt Fränkische und Schwäbische Alb. Der 20x24 Kilometer große Krater ist vom Boden aus kaum als solcher zu erkennen, erst aus größerer Höhe ist die fast 350 Quadratkilometer große und gut 100 Meter tiefe Landschaftsdelle wahrnehmbar. Der verursachende Asteroid maß rund 1,5 Kilometer im Durchmesser und war in tiefer Flugbahn von Westen kommend mit rund 100.000 km/h aufgeschlagen. Die Energie der ausgelösten Explosion wird gerne mit 100.000 Hiroshimabomben verglichen, jedenfalls hatte es im Umkreis von 100 Kilometern keinerlei Überlebenschancen gegeben. Der Meteorit war etwa einen Kilometer tief in das Deckgebirge eingedrungen und hatte dabei in Sekunden Gestein bis ins heutige Tschechien geschleudert. Rund drei Kubikkilometer irdisches Gestein waren verdampft und 1.000 Kubikkilometer bewegt worden. Der Einschlag verursachte ein Erdbeben wohl mit der Stärke 8.

Damals floss der Ur-Main noch in Richtung Süden zur Ur-Donau. Sein Flusslauf wurde verschüttet, sodass sich nach Norden zu ein riesiger See bildete, der etwa bis zum heutigen Nürnberg rückstaute. Das Wasser dieser Rezat-Altmühlsees fand irgendwann wieder den Weg zur Ur-Donau. Auch der Krater hatte sich bald mit Wasser gefüllt, verlandete aber im Laufe von zwei Millionen Jahren weitgehend. Während der Eiszeiten kam noch substanzieller Staub-Eintrag dazu. Der dadurch entstandene Löss ist die Grundlage der landwirtschaftlichen Nutzung seit dem frühen Mittelalter.

Wallerstein liegt weit im Nördlinger Ries. Als ehemaliger Residenzort ist es von einem Schloss und typischen Beamtenhäusern geprägt. Seit gut vier Jahrhunderten wird das Braurecht wahrgenommen, heute hat sich die Brauerei auf dem Burgfelsen eingerichtet. Helles, Hefeweizen, Zwickel, Doppelbock – hier wird alles gebraut. Ganz besonders stolz ist man auf das bernsteinfarbene, dreimal vergorene „1598"-Bier, das erheblich mehr als ein normales Bier kostet. Diese „Edition Privée" findet sich auf der Getränkekarte von Nobelhotels wie des Pariser „Ritz" oder des Berliner „Adlon".

Die alte Freie Reichsstadt Nördlingen gilt als das besondere Kleinod im Krater. Die erste umfassende Stadtmauer stammt aus dem Jahr 1215, als Nördlingen vom Kaiser die Stadtrechte erhalten hatte und zur Reichsstadt erhoben wurde. Gut 100 Jahre später (1327) wurde der heute noch bestehende, 2,6 Kilometer lange Mauerring angegangen, die ummauerte Stadtfläche hatte sich damit auf das Vierfache erweitert. Die Stadtmauer ist heute eine der besterhaltenen in Deutschland. Erst als sich nach der Entdeckung Amerikas der Handel immer mehr den Seehäfen zuwandte und mit dem Dreißigjährigen Krieg Nördlingen durch exorbitante Reparationszahlungen ausgeblutet wurde, war es mit der Bedeutung als Handelszentrum vorbei. Der jahrhundertelange wirtschaftliche Stillstand war jedoch die Keimzelle des heutigen Siegeszugs: Das mittelalterliche Stadtbild blieb erhalten, es fehlte Geld für Neuerschließungen.

Die Schlacht bei Nördlingen 1634 hatte die schwedisch-protestantischen Kräfte erstmals entscheidend gestoppt. Nach der verheerenden Niederlage musste sich das protestantische Nördlingen den katholischen Siegern öffnen, hohe Tribut-Zahlungen verhinderten die Plünderung der Stadt. In dieser Zeit büßte die Stadt durch Hunger und Krankheit gut die Hälfte der Wohnbevölkerung ein. Erst 1939 erreichte Nördlingen wieder die Bevölkerungszahl von 1618.

Das Städtchen Harburg wird von der imposanten Harburg überragt, deren erster Existenzbeweis der Brief eines 13-Jährigen an die Kaiserin von Byzanz (der Briefschreiber war Königssohn, die Empfängerin seine Tante) aus dem Jahr 1150 ist. Die wehrhaft wirkende Kernburg mit Mauerring und markanten Türmen hat alles, was man von einer mittelalterlichen Burg erwartet: Bergfriede, Palas, Ziehbrunnen, Schlosskirche, Gruftkapelle. Vorburg, usw. Die mittelalterliche Stadt Harburg war mit fünf Stadttoren bewehrt, die erst ab 1860 abgerissen wurden, offiziell wegen zu hoher Unterhaltskosten und Sicherheitsrisiken für die Bewohner!

Mönchsdeggingen gehörte acht Jahrhunderte lang dem Hochstift Bamberg. Kaiser Heinrich II. hatte das Reichskloster 1007 „seinem" neuen Bistum zur Gründungsausstattung übergeben. Das Kloster und der Ort kamen zunehmend unter die Fittiche der nahen Grafschaft Oettingen. Aus der Klosterzeit existiert noch der im späten Mittelalter künstlich angelegte Teich, den die Mönche des Klosters zur Fischzucht genutzt hatten.

Das ehemalige Reichsstift Kaisheim ist seit seiner Säkularisation 1803 eine Justizvollzugsanstalt, heute mit 600 Haftplätzen. Kaisheim ist von besonderer baulicher Bedeutung, nicht nur die Klosterkirche, auch Kaisersaal und Bibliothekssaal sind reich dekorierte barocke Bauperlen. Der zweigeschossige Bibliothekssaal mit seiner an drei Seiten umlaufenden Empore war reich bestückt mit Büchern, bevor diese 1804 nach Neuburg verfrachtet wurden. Die Klosterkirche hat gotische Wurzeln: Als dreischiffige Pfeilerbasilika mit östlichem Querschiff besitzt sie einen doppelten Umgangschor und erinnert an das klassische Schema französischer Kathedralen. Ursprünglich war der Außenbau nach Zisterzienser-Art eher nüchtern gestaltet. Nur Strebepfeiler tragen zur Außengliederung bei. Im Mittelschiff ist die Stifter-Tumba mit dem mittelalterlichen Kirchenmodell zu sehen.

Das Nördlinger Ries

Kirchheim im Ries war um ein ehemaliges ▶ Zisterzienserkloster herum gebaut worden.

Das dreiflügelige Schloss Wallerstein baut auf eine klar gegliederte klassizistische Fassade. Mit dem Bau wurde 1803 begonnen, als die Grafschaft an Bayern gefallen war.

Die Burgruine Flochberg liegt schon wieder jenseits der bayerischen Landesgrenze. Die hochmittelalterliche Gipfelburg samt Ort war nur vier Jahre lang bis 1810 bayerisch gewesen.

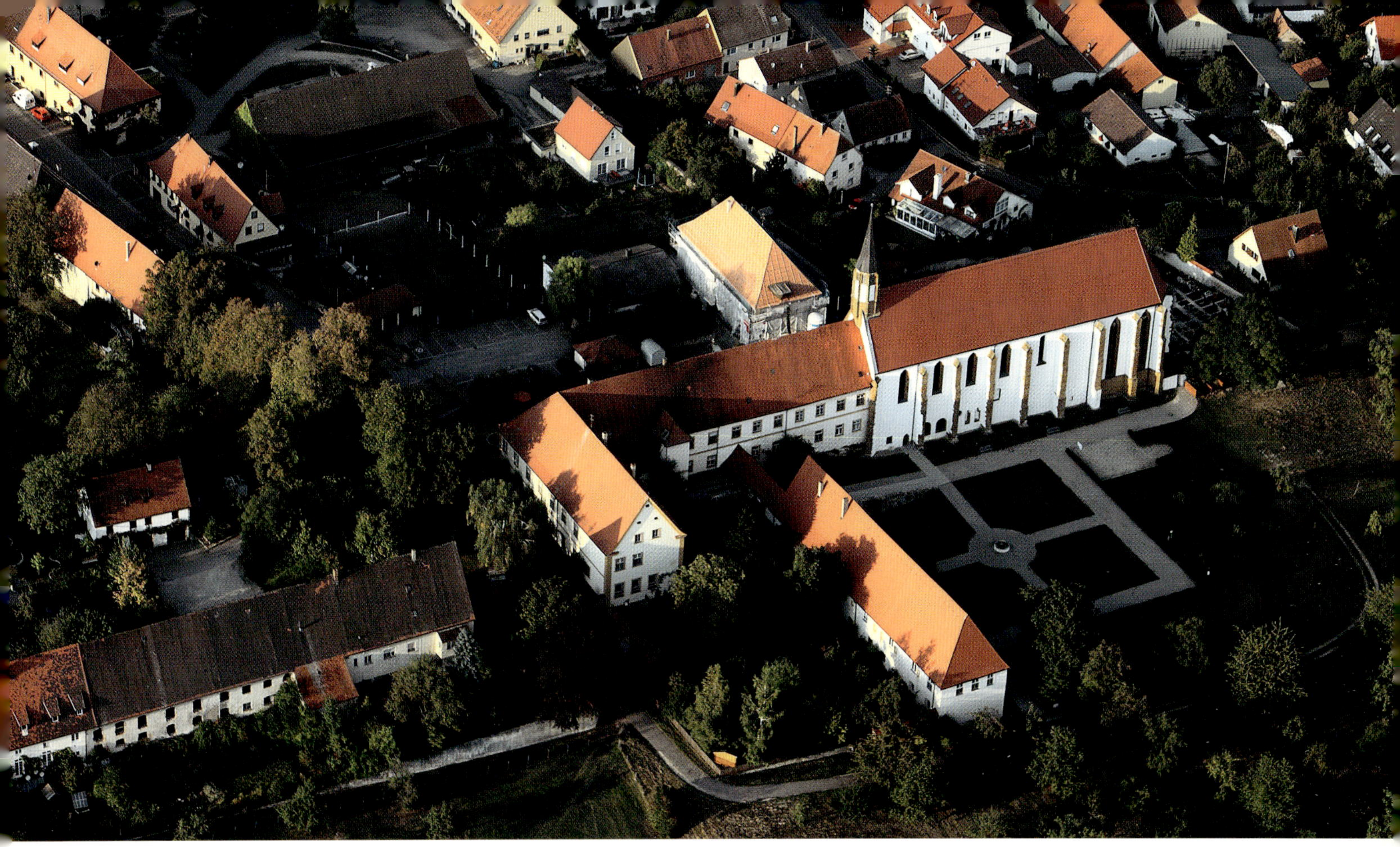

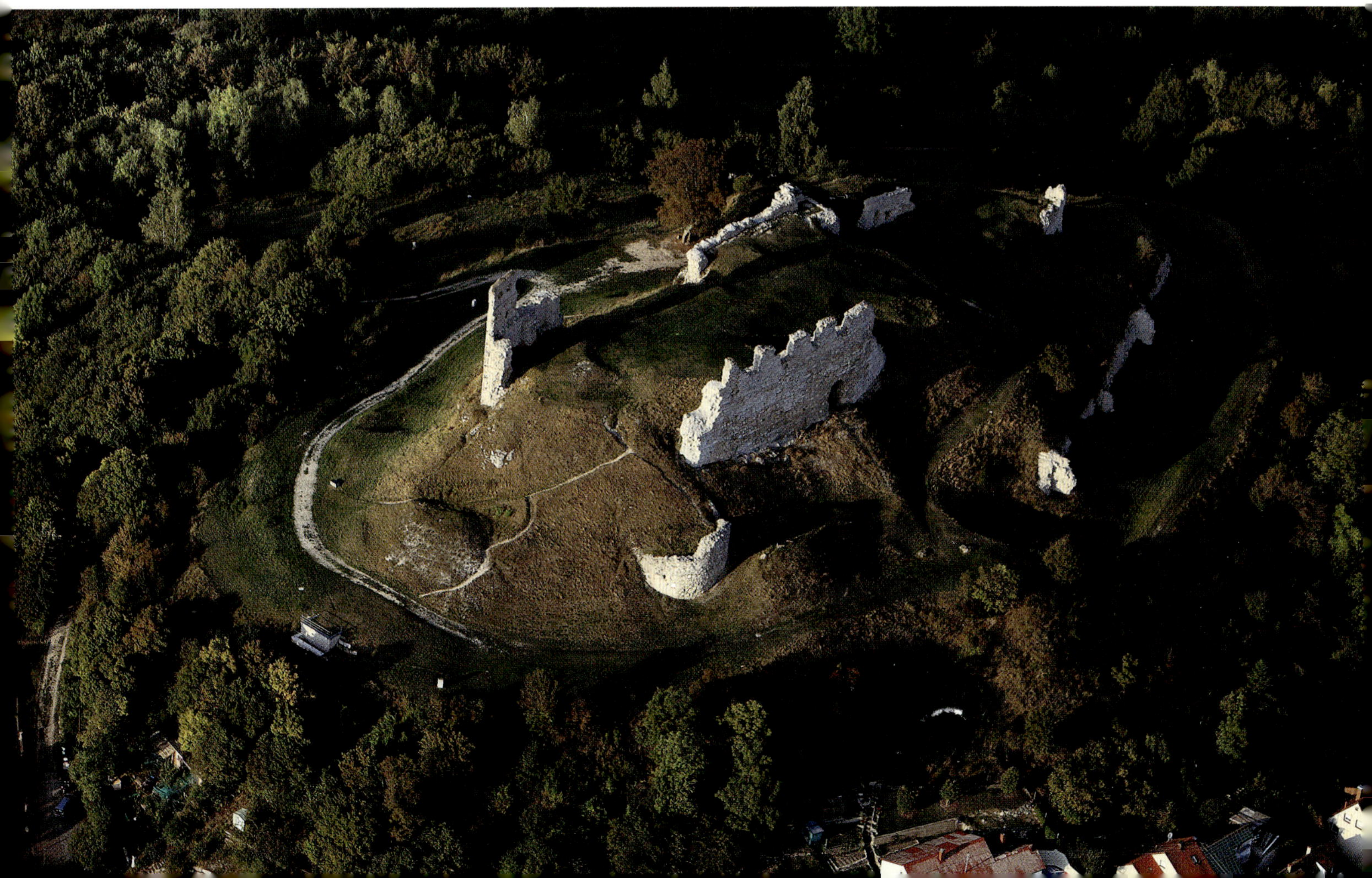

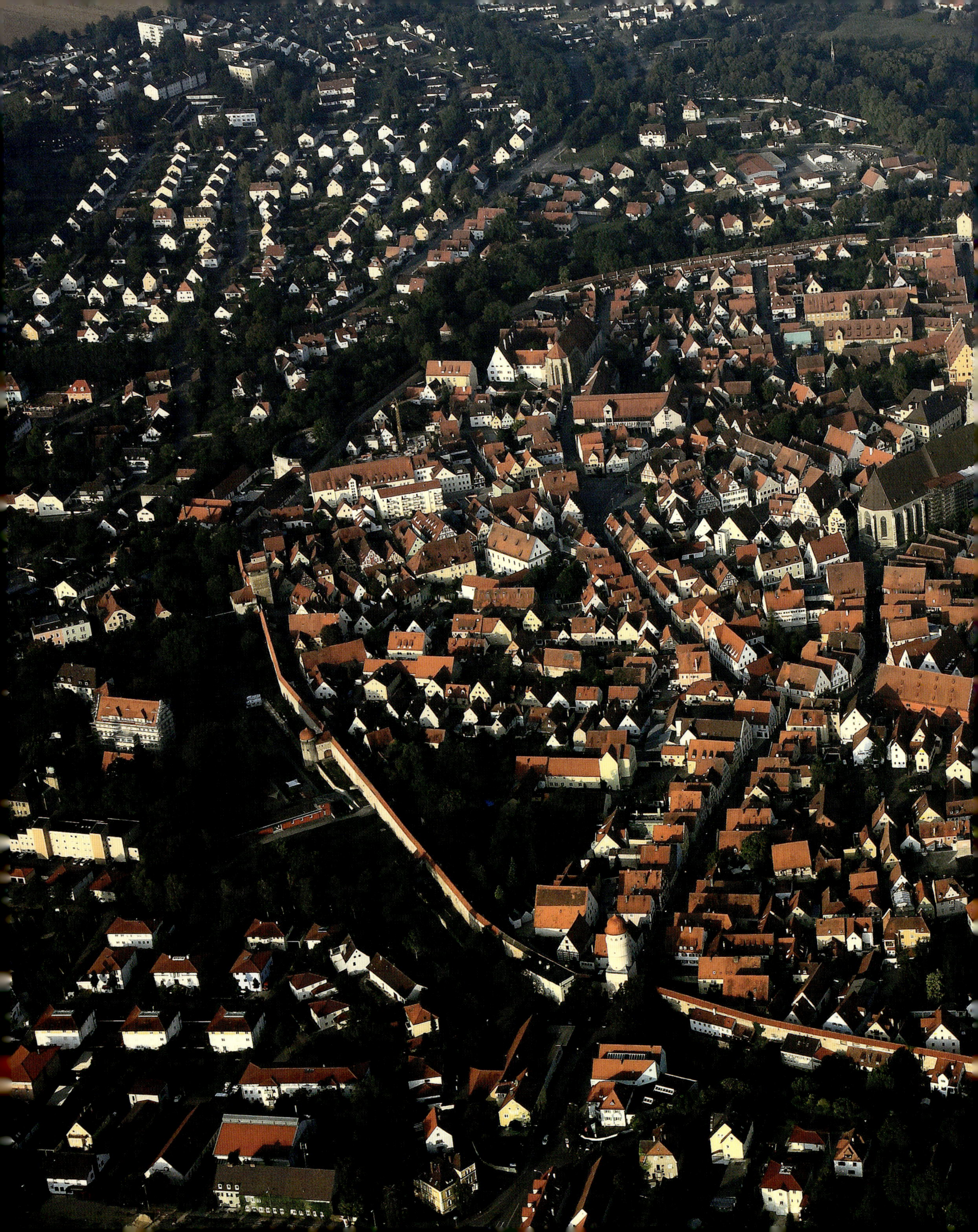

Das Altstadt-Oval Nördlingens hat wohl jeder schon mal in Abbildungen gesehen. Die ehemalige Freie Reichsstadt hat über all die Jahrhunderte ihre mittelalterliche Substanz bewahren können und zeigt sich uns daher heute in einer Harmonie, von der moderne Städte nur träumen können. Zwar hatte auch hier 1945 der alliierte Bomberterror zugeschlagen, die historische Altstadt war jedoch weitgehend verschont geblieben.

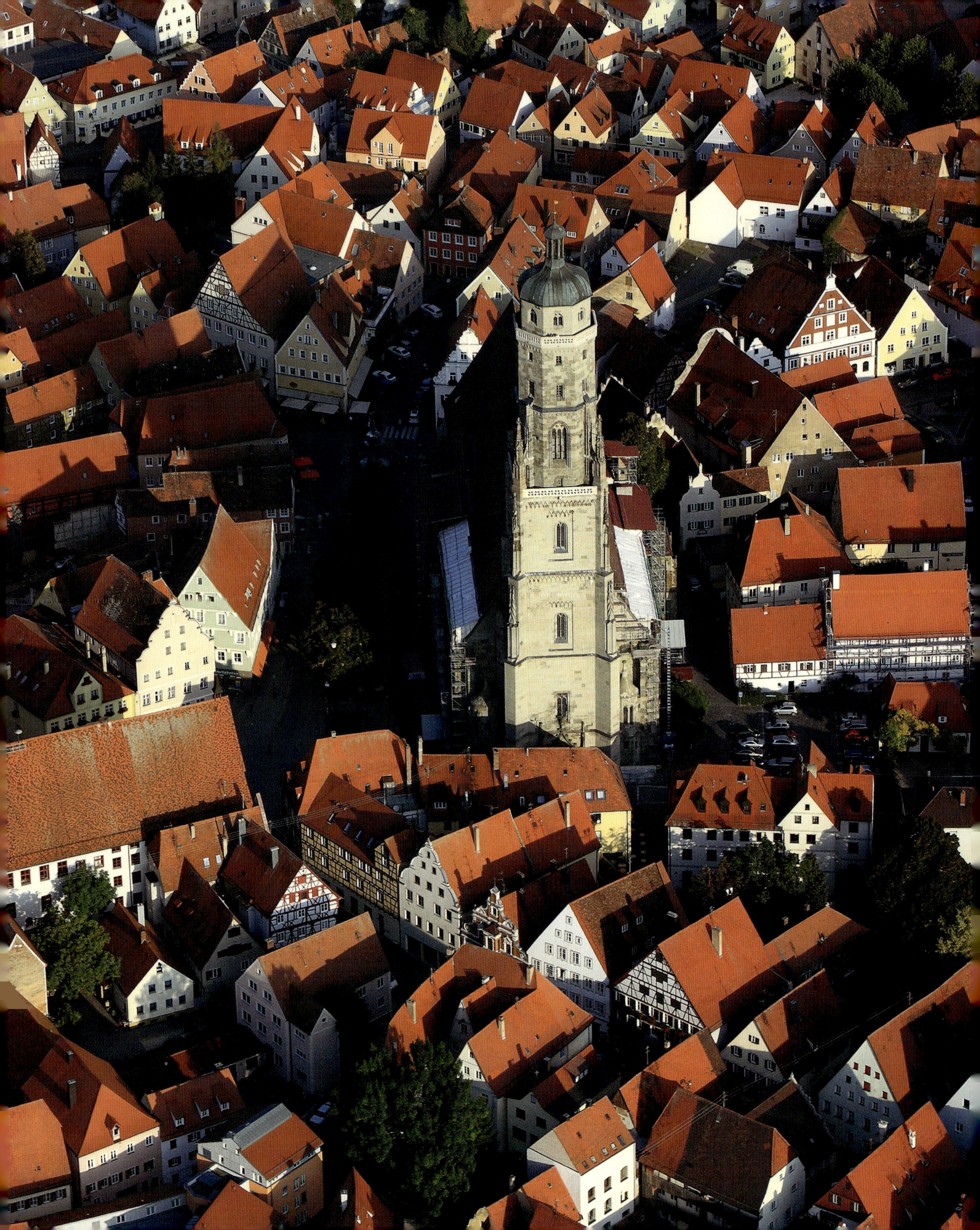

Das Nördlinger Ries

◀ Die gotische St. Georgskirche, auch Daniel genannt, stammt aus den Jahren 1427 bis 1505. Als Pfarrkirche ist sie das weithin sichtbare Wahrzeichen der Stadt.

Die mittelalterliche Stadtmauer aus dem Jahr 1327 ist vollständig erhalten. In Nördlingen hatte man nach 1800 dem weit verbreiteten Abrisswahn anderer Städte widerstanden. Die Löpsinger Straße führt vom Nordosten in die Altstadt. Sie ist zu beiden Seiten mit zwei- bis dreigeschossigen Fachwerkshäusern bebaut. Bei solch dichter Bebauung musste man immer hoffen, dass es keine Stadtbrände gab.

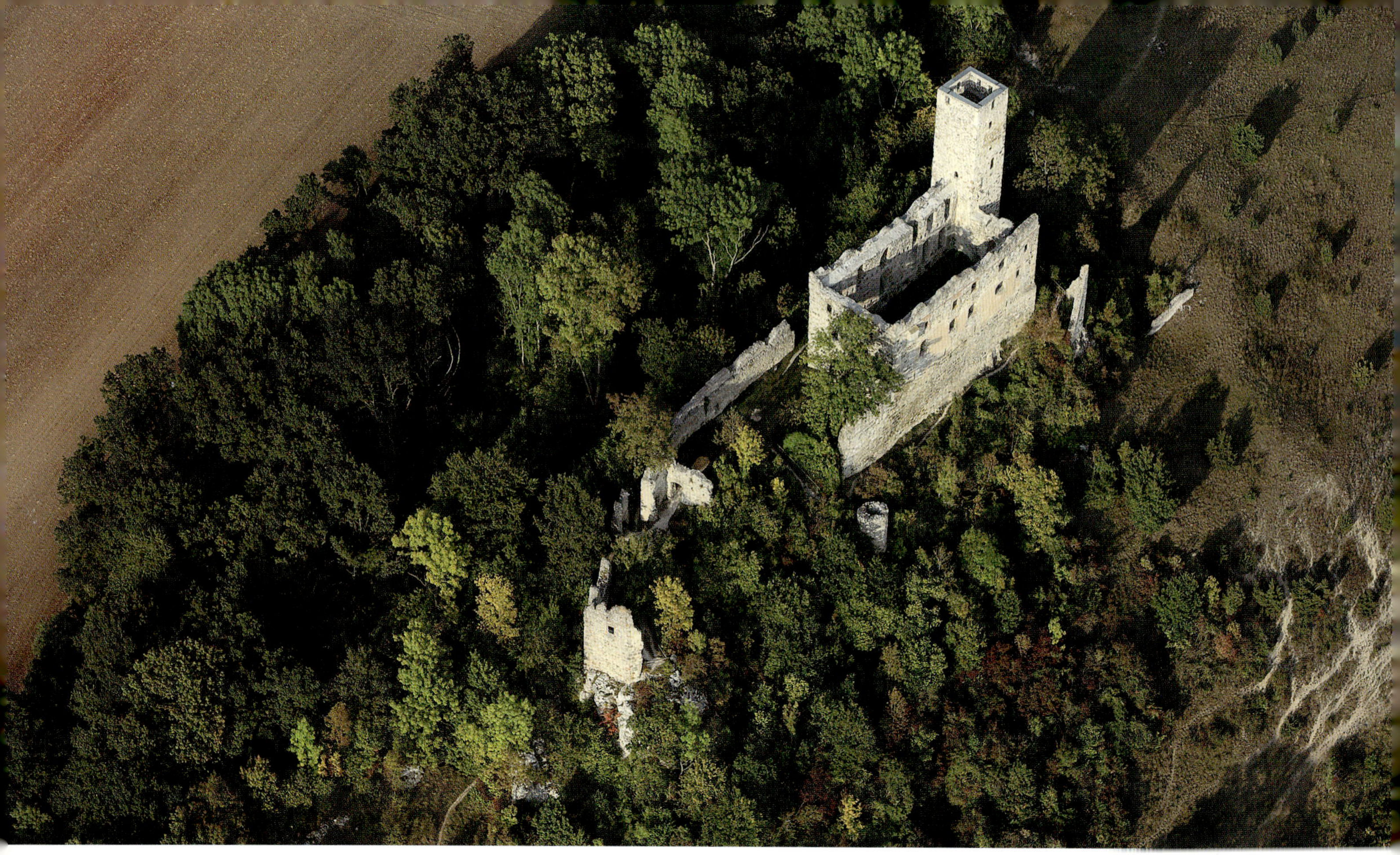

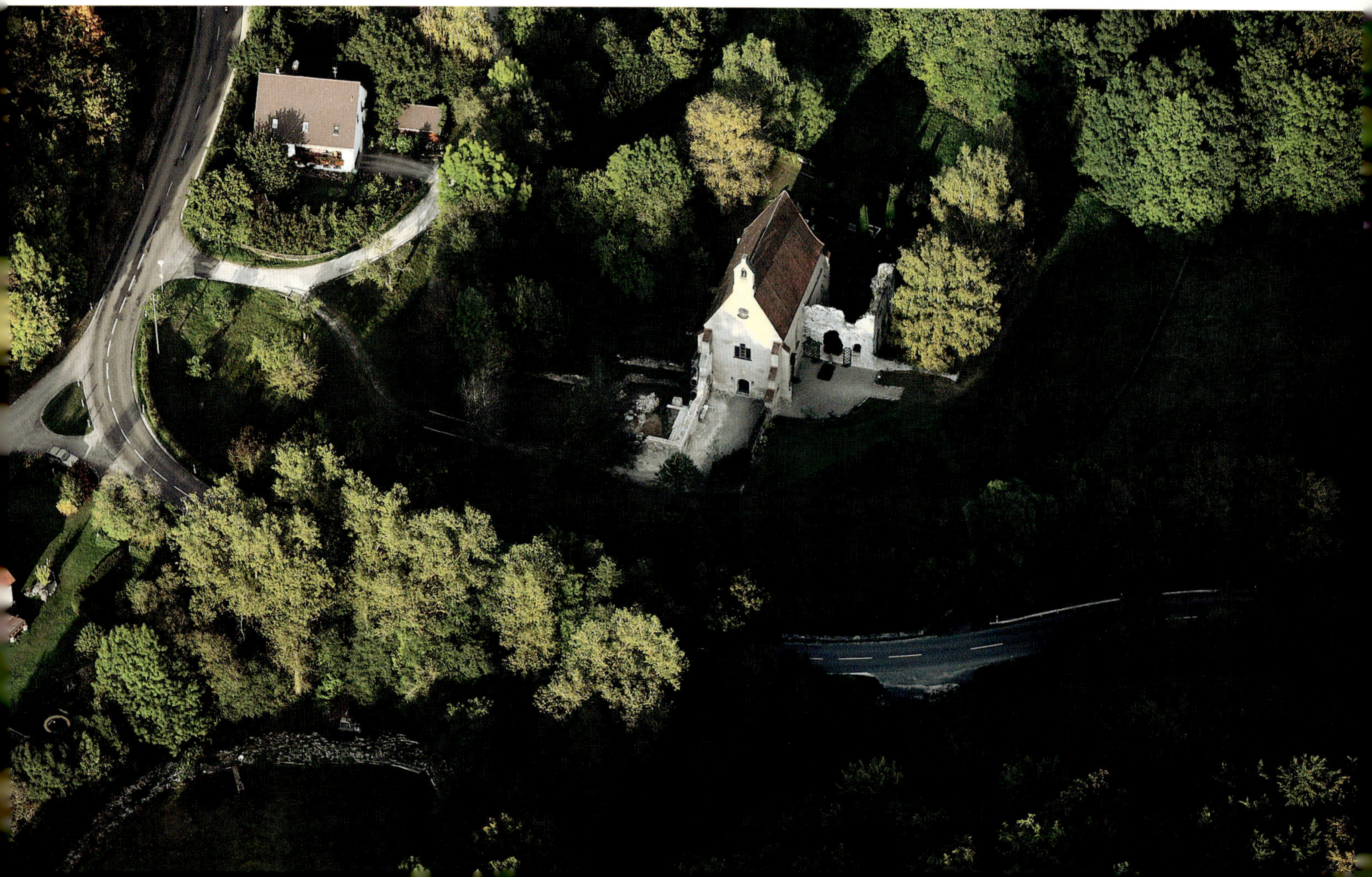

◄ Die stauferzeitliche Höhenburg Niederhaus hatte die Zeitläufe gut überlebt. Erst im 19. Jahrhundert hat man im Zuge der Ruinenromantik die Anlage absichtlich zur Ruine verkommen lassen.

Das Nördlinger Ries

◄ Das Karthäusertal im südwestlichen Riesrand ist nach dem ehemaligen Kartäuserkloster Christgarten benannt, von dem nur mehr die Klosterkirche St. Peter erhalten ist.

▲ Kloster Mönchsdeggingen.

Das Dorf Schrattenhofen war von 1757 bis rund 1850 ein Produktionsort der Oettinger Porzellanmanufaktur, in der die weithin berühmten Fayencen hergestellt wurden. Die kleine Gemeinde hat auch bis 1972 ihre Selbstständigkeit bewahren können.

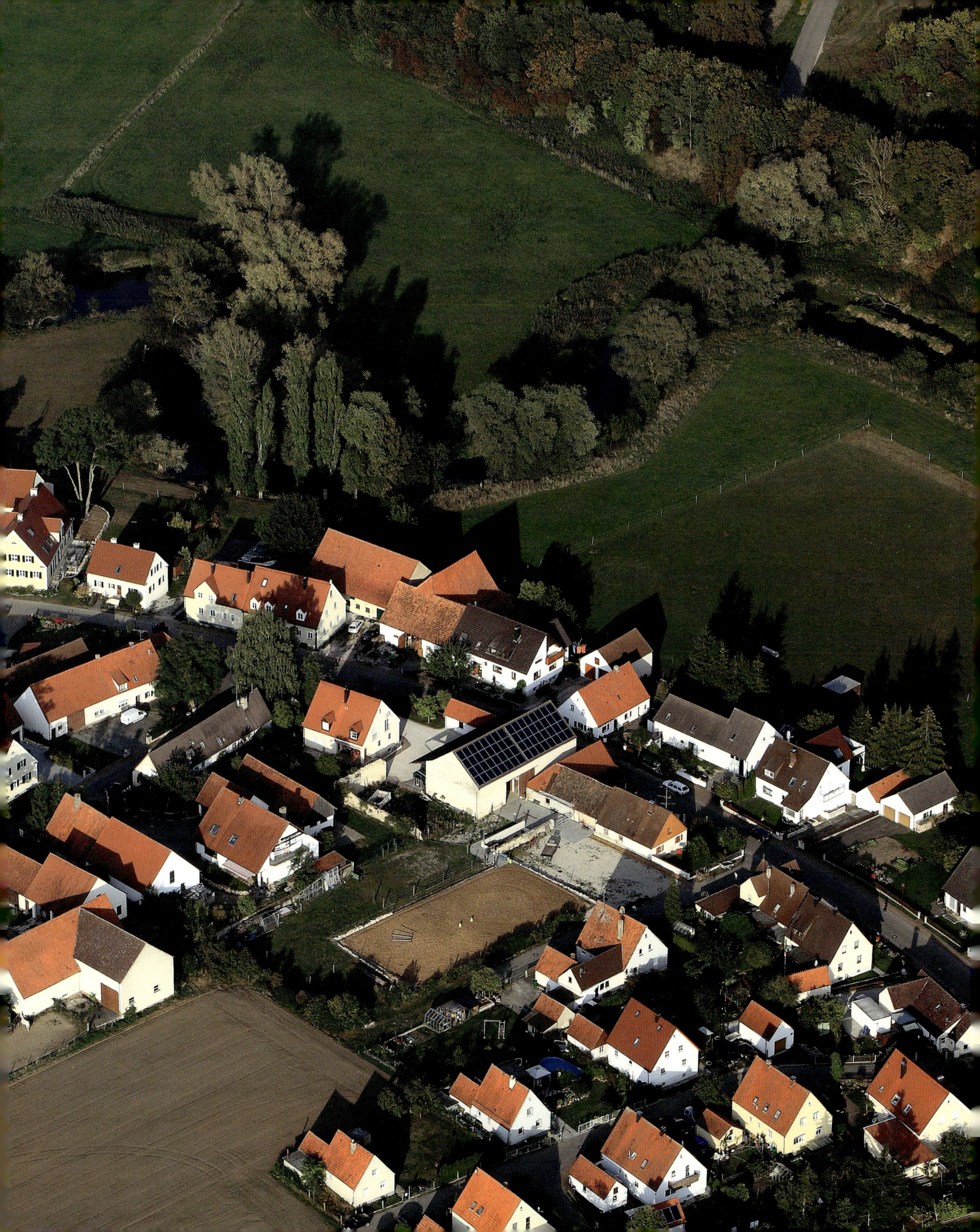

Harburg hat seit 1290 einen ungekrönten, rot bewehrten, schwarzen Adler auf goldenem Grund im Stadtwappen. Dadurch wird unverkennbar auf die Vergangenheit des Ortes als Reichsgut verwiesen.

Burg Harburg thront wuchtig über der gleichnamigen Stadt. Die gewaltige Höhenburg dokumentiert mit ihrem sechstürmigen Mauerring das mittelalterliche Verteidigungsdenken. Im Falle Harburgs war dies wohl erfolgreich, sonst hätte sie nicht unzerstört unsere Zeit erreicht.

Monheim ist aus einem Benediktinerkloster hervorgegangen. Hier hatte Martin Luther 1518 auf seiner Flucht vom Reichstag in Augsburg übernachtet.

Heute ist der wilde Gebirgsfluss Lech mit zahlreichen Stauseen gezähmt. Der letzte davon, hier abgebildet, bringt es am Flusskilometer 1,3 auf acht Meter Stauhöhe.

Zwischen Donauwörth und Augsburg

Donauwörth war bis 1607 freie Reichsstadt und nur dem fernen katholischen Kaiser untertan. Die meisten Reichsstädte waren schnell protestantisch geworden, in Donauwörth war das Benediktinerkloster Heilig Kreuz katholisch geblieben. Im April 1606 war die politische Situation eskaliert, als es anlässlich einer Markusprozession der Benediktinermönche zusammen mit einer kleinen Schar Katholiken zum sogenannten Kreuz- und Fahnengefecht gekommen war: Der Streit der Konfessionsgruppen endete in einer allgemeinen Prügelei. Als der Streit im Folgejahr weiter eskalierte , ließ der Bayern-Herzog schließlich eine Armee vor Donauwörth aufmarschieren, da war es für Verhandlungen zu spät: Bayerische Truppen besetzten den Ort, nahmen ihn zunächst in bayerischen Pfandbesitz. Bald darauf war Donauwörth dem bayerischen Herzogtum einverleibt.

Marxheim markiert die Lechmündung am gegenüberliegenden Donauufer. Die Gemeinde hat mehrere Ortsteile, was im Gemeindewappen mit sechs Farbstreifen symbolisiert wird. Im Jahr 1238 hatte der Ort noch „Villa Morauchisheim" geheißen. Das benachbarte Schloss Leitheim war die repräsentative Sommerresidenz der Äbte von Kloster Kaisheim. Als dreigeschossiges quadratisches Gebäude auf einer Ufer-Anhöhe wirkt der geistliche Herrensitz erheblich größer. In den letzten 50 Jahren vor der Säkularisation waren hervorragende Freskenzyklen entstanden.

In Rain am Lech wäre 1632 fast der schwedische Vormarsch gestoppt worden. König Gustav Adolf musste persönlich an die Front und seine Soldaten motivieren. Die Predigt scheint geholfen zu haben, die Schweden schafften es schließlich, nach Altbayern einzufluten. Feldmarschall Tilly wurde in dieser Schlacht tödlich verwundet und verstarb drei Tage später in der Festung Ingolstadt. Rain war damals eigens für die Erhebung des Salzzolls gegründet worden. Die Zolleinnahmen hatten Rain zur drittsteuerstärksten Stadt ganz Bayerns (nach Ingolstadt und Friedberg) gemacht.

Kloster Thierhaupten war noch von Herzog Tassilo III. (741–796) gegründet, aber 955 von den Ungarn vollkommen zerstört und geplündert worden. Wiederaufgebaut hatte das Kloster bis 1803 Bestand, bis es im Zuge der Säkularisation meistbietend an einen Gastwirt verscherbelt wurde. Der letzte Abt des Klosters hat es dann geschafft, die Kirche zurückzukaufen und der Gemeinde Thierhaupten zu schenken.

Augsburg ist die älteste Stadt Bayerns, mehr als doppelt so alt wie die Landeshauptstadt München. Hier war 15 v.Chr. ein römisches Legionslager errichtet worden, aus dem später die Provinzhauptstadt Augusta Vindelicorum wurde.

Wichtige Daten für Augsburg waren sicherlich die Stadterhebung durch Kaiser Friedrich Barbarossa im Jahr 1156 sowie die Gewährung der Reichsunmittelbarkeit 1276. Von da an blieben viele Steuergelder in der Stadt, Patrizierfamilien konnten Wohlstand ansammeln und die Herrschaft der Stadt zunehmend in eigene Hände nehmen. Ganz problemlos war dies nicht, Bürgermeister wurden schon mal hingerichtet (1478) oder ließen Patrizier hinrichten. Im Großen und Ganzen entwickelte sich das Gemeinwesen aber prächtig. Nicht umsonst stehen die Fugger oder die Welser synonym für Geld und Wohlstand. Ein Kaiser Karl V. (1500–1558) hätte es ohne Augsburger Geld niemals zum Kaiser gebracht.

Das Augsburger Rathaus strahlt heute noch Macht und Selbstbewusstsein aus, auch wenn der jetzige Bau ein originalgetreuer Nachkriegs-Wiederaufbau ist. Das Rathaus gehört zu den eindrucksvollsten Rathäusern des ganzen Landes. Stadtbaumeister Ellias Holl (1573–1646) hatte das Selbstverständnis reichsstädtischer Augsburger Bürger sozusagen in Stein festgehalten: Der gemalte Reichsadler verweist unmissverständlich auf die Reichsunmittelbarkeit, die große kupferne Zirbelnuss auf die römische Gründung der Stadt. In Augsburg wurde immer wieder Geschichte geschrieben. Der mühsame und kostspielige Wiederaufbau des Rathauses war rechtzeitig abgeschlossen, um 1985, rechtzeitig zum 2.000. Stadtjubiläum, in neuer, alter Pracht wiedereröffnet zu werden.

Augsburger Religionsfrieden (1555) oder Augsburger Schied (1158) sind geläufige Begriffe.

Auch hat wohl jeder schon von der Fuggerei in Augsburg gehört, der ältesten Sozialsiedlung der Welt. Diese immer noch bestehende Reihenhaussiedlung hatte Jakob Fugger (1459–1525), „der Reiche", 1521 gestiftet. In 67 Häusern wohnen 150 bedürftige katholische Augsburger Bürger; noch heute ist weniger als ein Euro für eine Jahres(kalt)miete fällig. Allerdings müssen die Bewohner täglich ein Vaterunser, ein Glaubensbekenntnis und ein Ave Maria für den Stifter und die Stifterfamilie beten. Die Stiftungsverwaltung hat ihr Vermögen erfolgreich durch alle historischen Stürme gebracht hat und kann die Sozialsiedlung bis heute damit unterhalten. Nach dem letzten Krieg musste die zu etwa zwei Dritteln zerstörte Fuggerei wieder aufgebaut werden. Erst 1947 wurden die ersten Gebäude wieder bezogen.

Für den Augsburger Stadtwald leistet sich die Stadt 21,5 Hektar Naturwaldfläche, beginnend im Stadtgebiet. Natürlich ist dieser Wald begehrtes Naherholungs- und Freizeitgebiet. Auch der Naturschutz kommt in „Bayerns größten zusammenhängendem Auwald"nicht zu kurz: Die voralpine Flusslandschaft des Lechs hat auf dem eiszeitlich angeschwemmten Lechschotter ein wahres Mosaik unterschiedlichster Einzellebensräume geschaffen, von der Weidenaue bis zum Kiefernheidewald und Laubmischwald. Ein eigenes Beweidungsprojekt mit Przewalski-Pferden soll die regelmäßige Auflichtung des Kiefernwaldes sicherstellen.

Zwischen Donauwörth und Augsburg

Die Große Kreisstadt Donauwörth schmiegt sich an die letzten Meter der Wörnitz, bevor diese in die Donau mündet. Heute drängen sich innerhalb der Stadtgrenzen knapp 19.000 Einwohner.

Vom Münsterplatz (vorne rechts) zieht sich die Reichstraße längst durch die ganze Stadt. ▶

Die Kapellstraße leitet schließlich zur Donaubrücke hin.

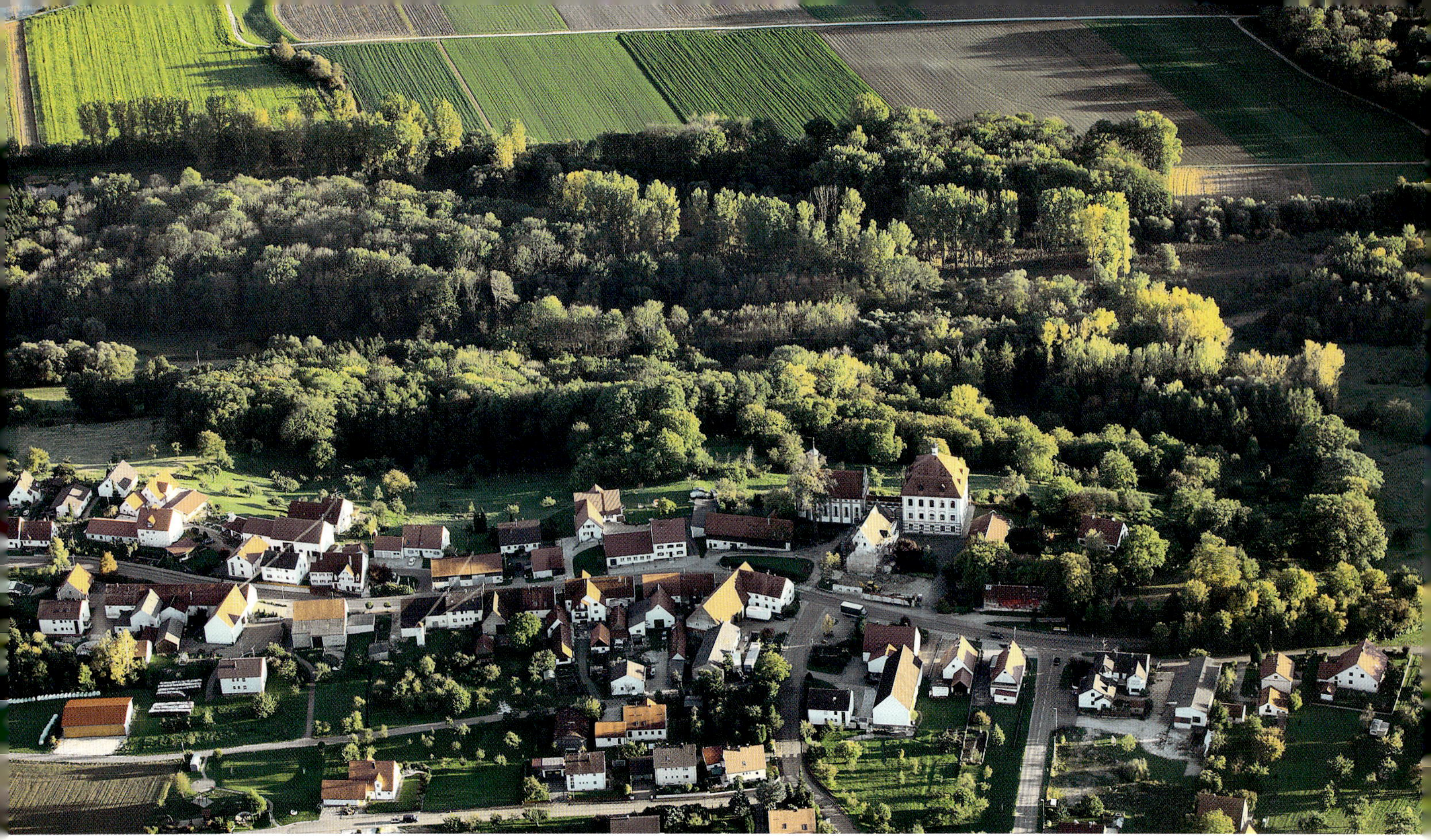

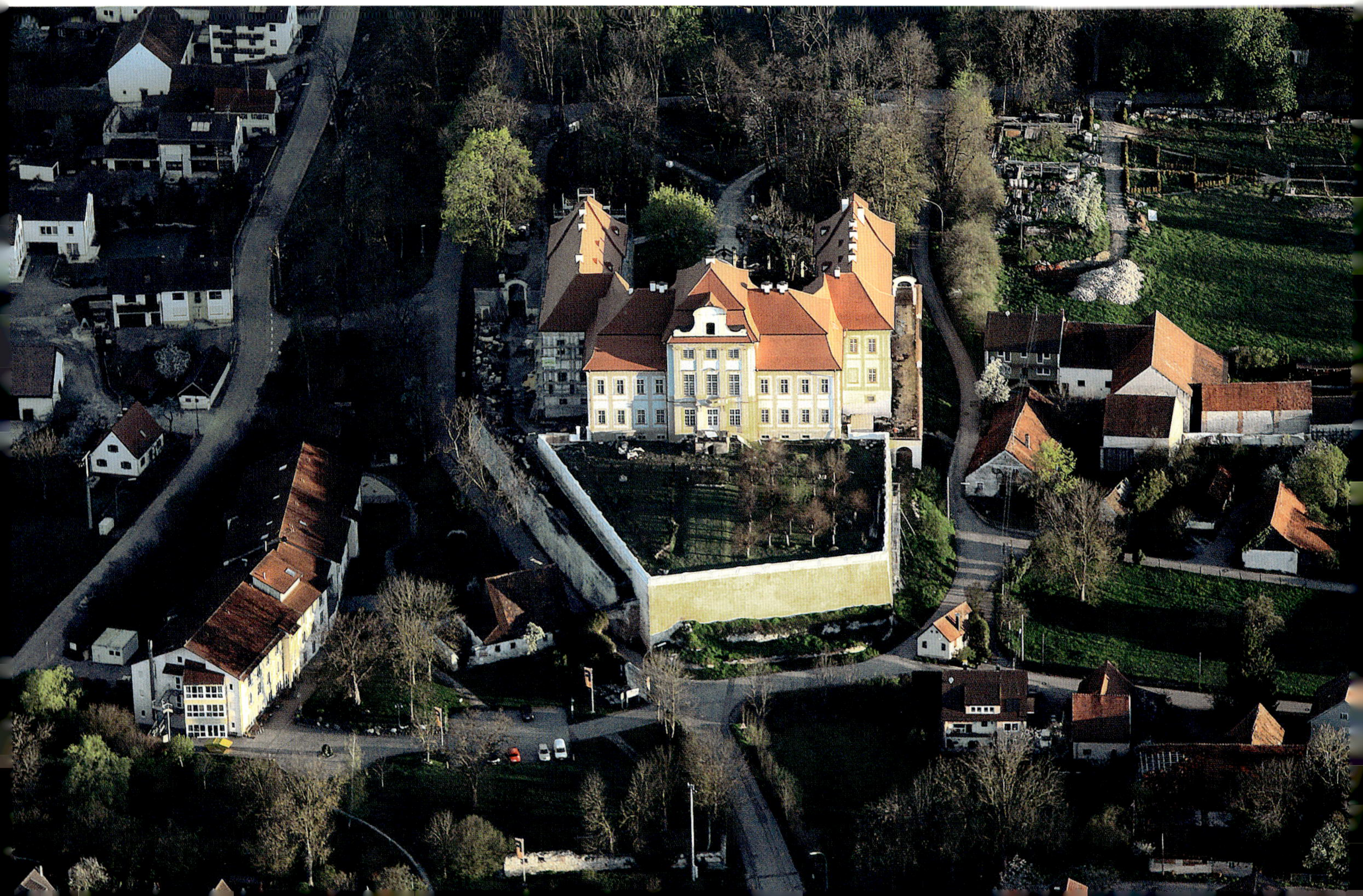

Zwischen Donauwörth und Augsburg

◀ Schloss Leitheim war als Sommerresidenz der Äbte des nahegelegenen Klosters Kaisheim entstanden. Der exponierte Standort mit weitem Blick auf die Donau-Lech-Ebene ist heute alljährlich Ort der Leitheimer Schlosskonzerte.

◀ Das barocke Schloss Bertoldsheim mit seiner symmetrischen, zweigeschossigen Dreiflügelanlage steht dominant auf einem felsigen, vorspringenden Hügel. Der repräsentative Bau war kurz nach 1700 auf den Grundmauern einer mittelalterlichen Burgruine errichtet worden.

Heute erkennt man nur noch an der unterschiedlichen Grasfärbung, dass der Lech früher seinen gesamten Talraum eingefordert hatte, bevor er zu einem schmalen Wasserband zusammengedrängt wurde.

Das kleine Feldheim hält respektvoll Abstand zum Lech. Heute sind Hochwasser zumindest an diesem Fluss weitgehend gebannt, früher brachten sie regelmäßiges Unglück.

Das ehemalige Kloster Niederschönenfeld ist heute Justizvollzugsanstalt für junge Erwachsene bis 26 Jahre. Die ehemalige Klosterkirche Mariä Himmelfahrt ist inzwischen Pfarrkirche des Dorfes.

Rain am Lech war bereits vom dritten bayerischen Wittelsbacher-Herzog aus rein strategischen Überlegungen gegründet worden. Hier wurden der Salz-, Wein-, Vieh-, Eisen- und Brückenzoll bei der Aus- und Einreise aus Bayern erhoben.

Die weiten Rieselfelder bei Rain sind der Tribut an die Arbeit der Zuckerfabrik, hier gibt man den anfallenden Schwebstoffen Zeit zum Absinken.

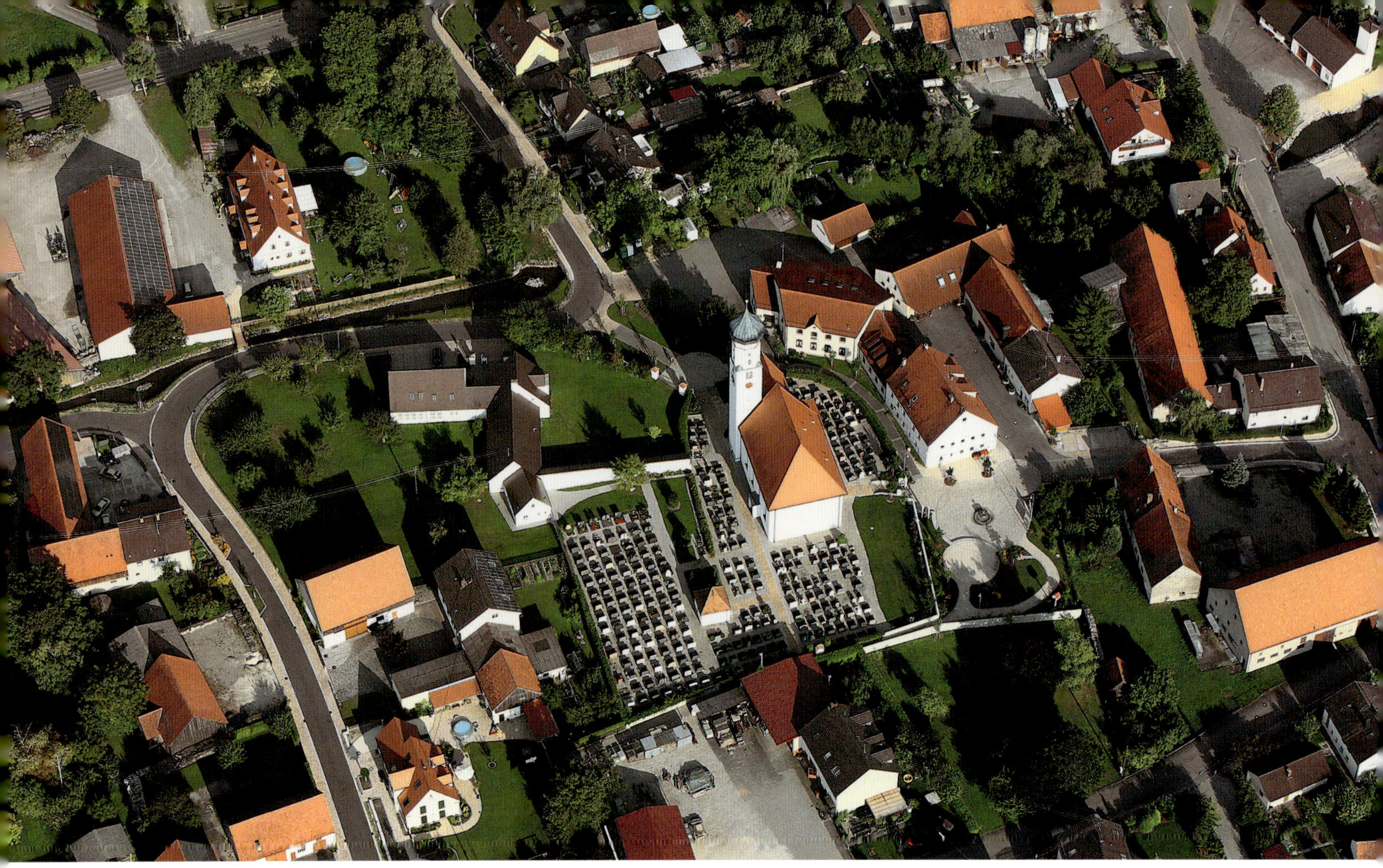

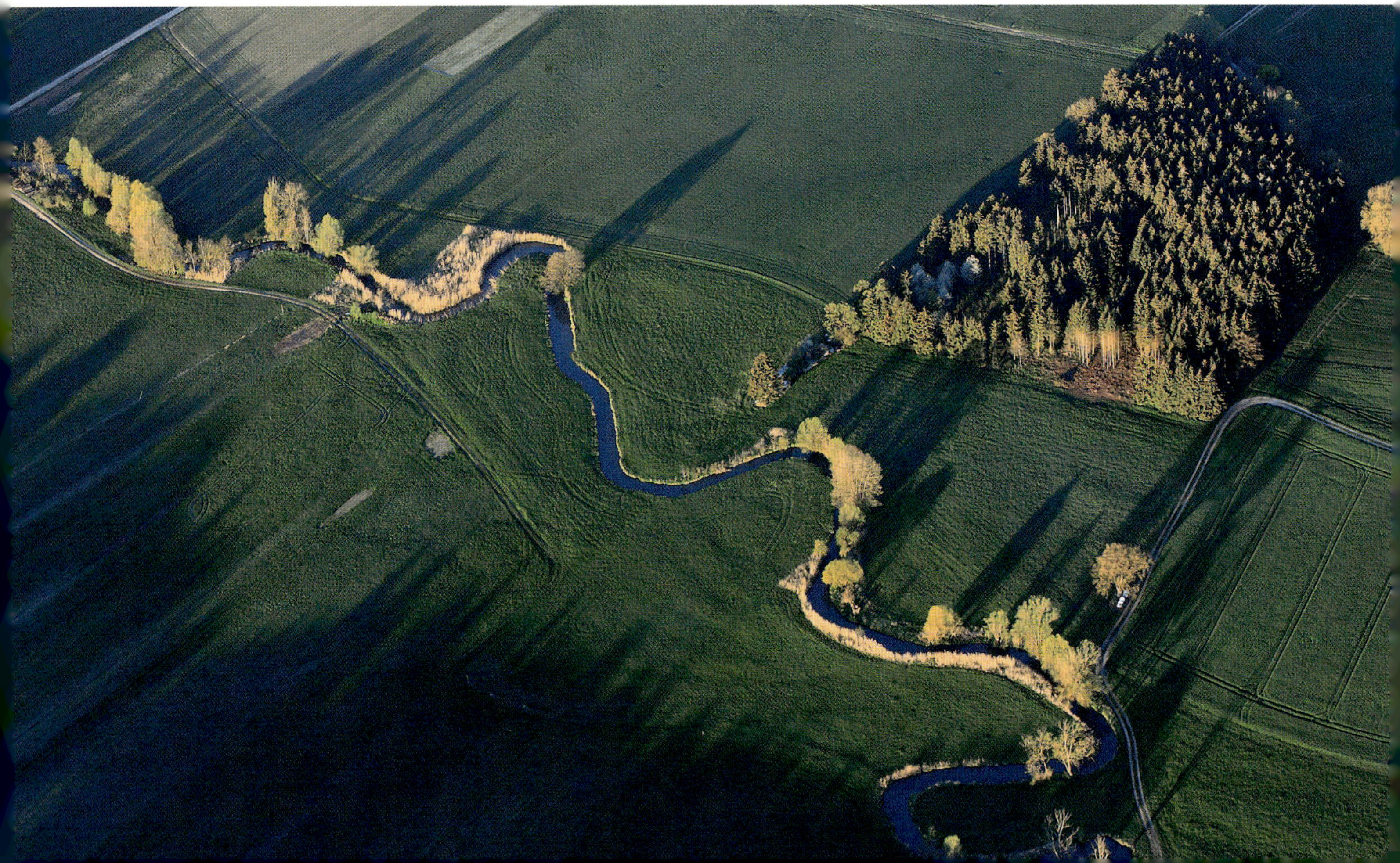

Zwischen Donauwörth und Augsburg

◂ Oberndorf am Lech war ab 1530 Fuggerland, die Herrschaft besaß auch die eigene Gerichtsbarkeit (einmal ist von einem Schnellgalgen die Rede).

◂ Die Friedberger Ach strebt als kleines mäandrierendes Flüsschen dem Lech zu.

Auch Unterpeiching hält respektvollen Abstand zum Lech. Der Ort hieß im Mittelalter Nydernpuechingen, war also offenbar von Anbeginn ein schwäbischer Ort.

Die Farben Rot und Weiß im Wappen von Meitingen sollen an die frühere Territorialzugehörigkeit zur (österreichischen) Markgrafschaft Burgau (bis 1802) erinnern. ▸

Münster, eigentlich ein ungewöhnlicher Name für eine kleine Gemeinde, gilt allgemein als Gründung irisch-schottischer Mönche.

Kloster Holzen liegt an der Fahrrad- oder Wanderroute der Romantischen Straße. Als Kloster der Benediktinerinnen gegründet, hatte es in der Barockzeit seine große Blüte, wie auch die üppige Barockausstattung mit ihren reichen Stuckaturen zeigt. ▸

Zwischen Donauwörth und Augsburg

Zwischen Donauwörth und Augsburg

Der weitläufige Gebäudekomplex von Schloss Scherneck wird als landwirtschaftlicher Gutsbetrieb genutzt und dient gleichzeitig der Gastronomie.

Das Kloster Thierhaupten wäre im Pfingsthochwasser 1999 fast einer Katastrophe zum Opfer gefallen. 1803 hätte der Donauwörther Bürgermeister es beinahe für einen Apfel und ein Ei ersteigert.

Der Bögenhof liegt gleich unterhalb des Schlosses Scherneck und wartet mit einem romantischen Biergarten auf.

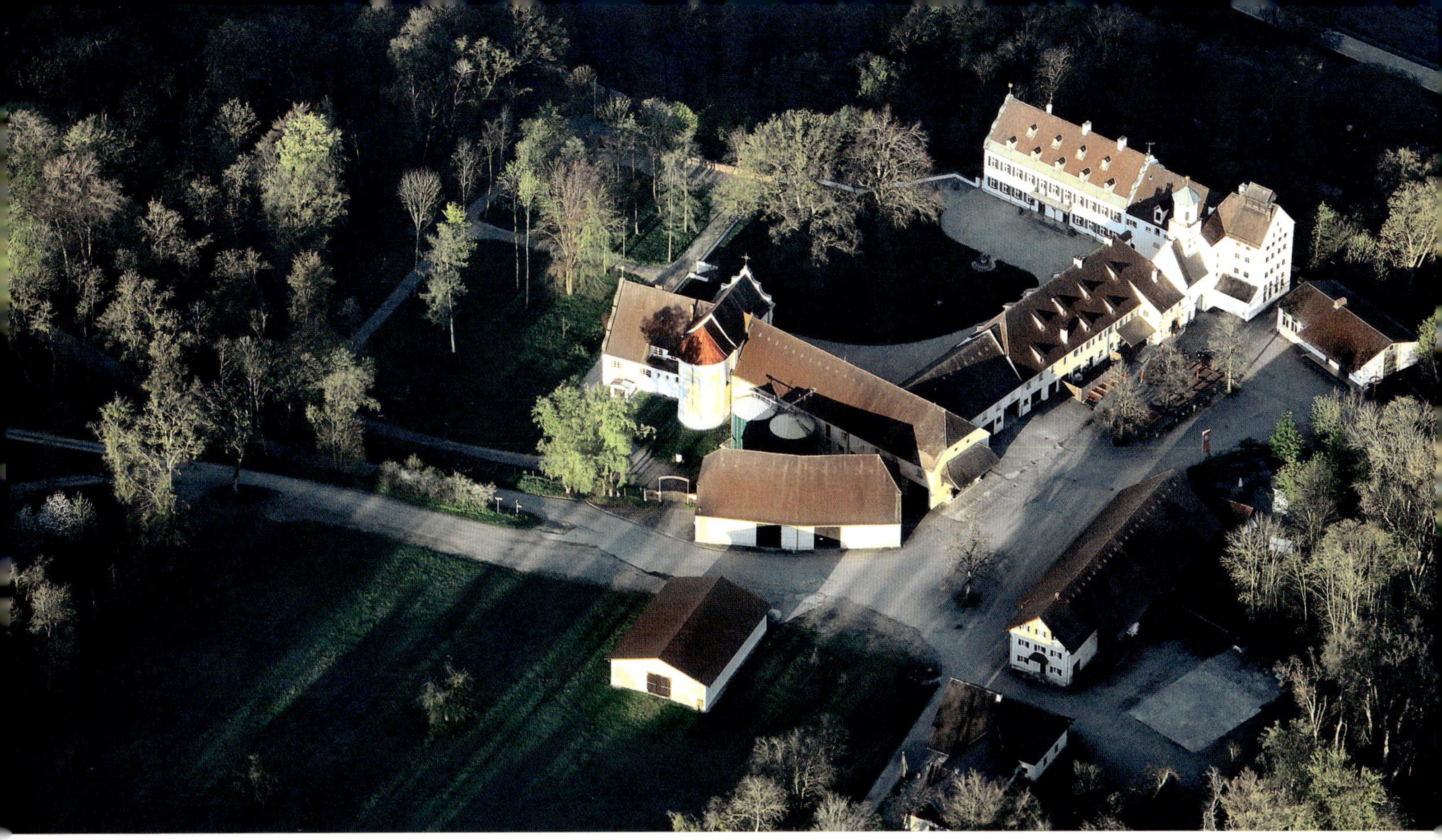

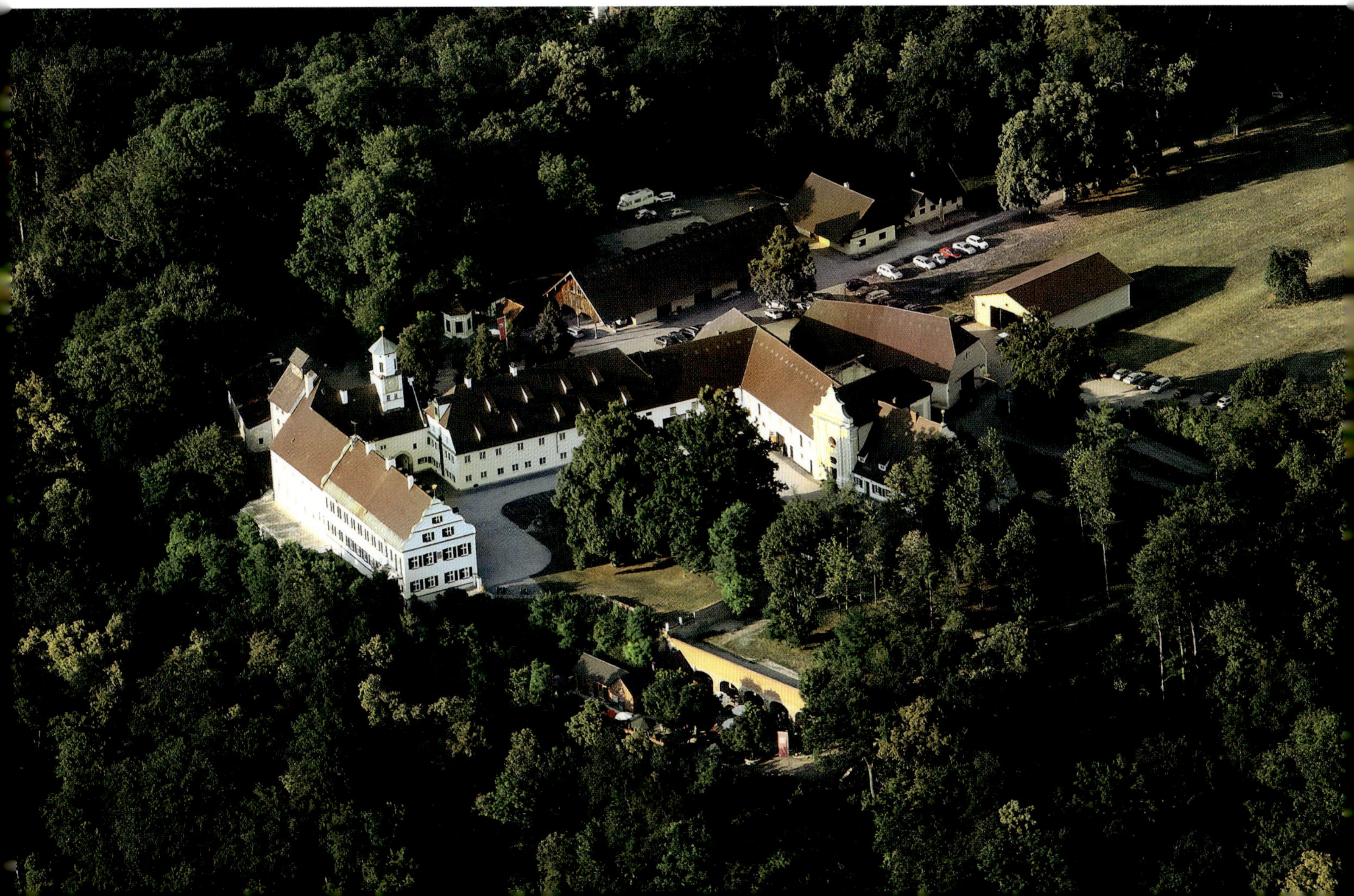

Zwischen Donauwörth und Augsburg

Zwischen Donauwörth und Augsburg

◂ Fischzucht ist natürlich ein Thema in den Lechauen. Die Wasserversorgung ist mit dem Gebirgsfluss Lech gegeben, die Fische müssen nur noch wachsen.

Das Land östlich des Lechs ist oft landwirtschaftlich durch eine Mischung aus Land- und Forstwirtschaft geprägt.

Es ist weitgehend unbekannt, dass die Kirche von Anwalting 935 an das Kloster Ebersberg übergeben wurde.

◂ Rehling ist eine 2.500-Einwohner-Gemeinde. Im Mittelalter hatte man sich mit den Augsburgern verständigt: Die Reichsstadt hatte das Öffnungsrecht der Burg, der Rehlinger Burgherr bekam dafür Wohnrecht in Augsburg.

Augsburg blickt auf eine glorreiche Vergangenheit als Freie Reichsstadt zurück. Die Maximilianstraße ist die breite Hauptstraße der Stadt und verbindet in einer großzügigen Promenade den Rathausplatz mit dem Ulrichsplatz.

Die Basilika St. Ulrich und St. Afra ist mit ihrem Turm ein weithin sichtbares Wahrzeichen Augsburgs. Sie beherbergt die Sarkophage der Bistumsheiligen Ulrich, Afra und Simpertus.

Das Augsburger Rathaus gilt als bedeutendster Profanbau der Renaissance nördlich der Alpen. Er ist auch das unumstrittene Wahrzeichen der Stadt.

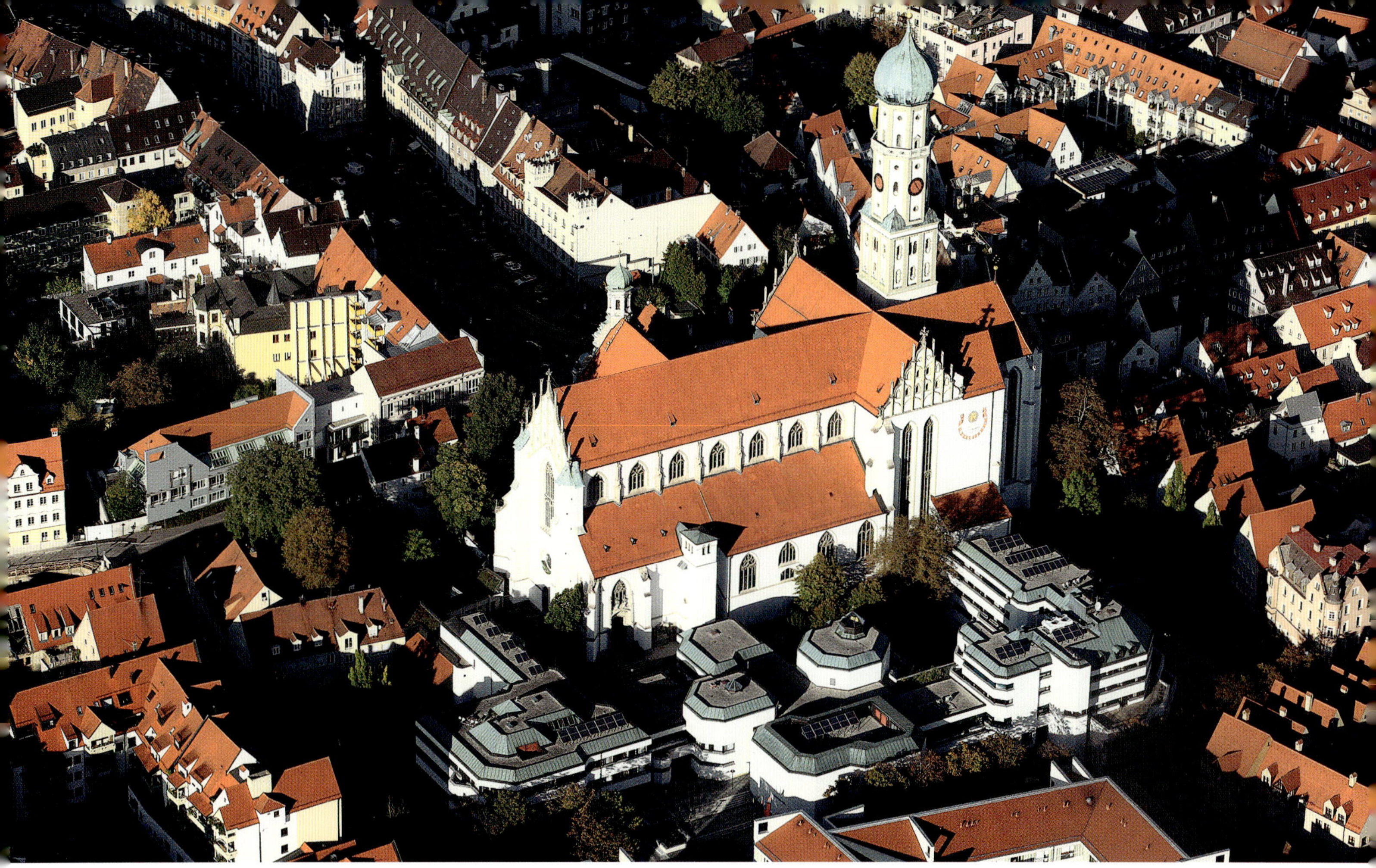

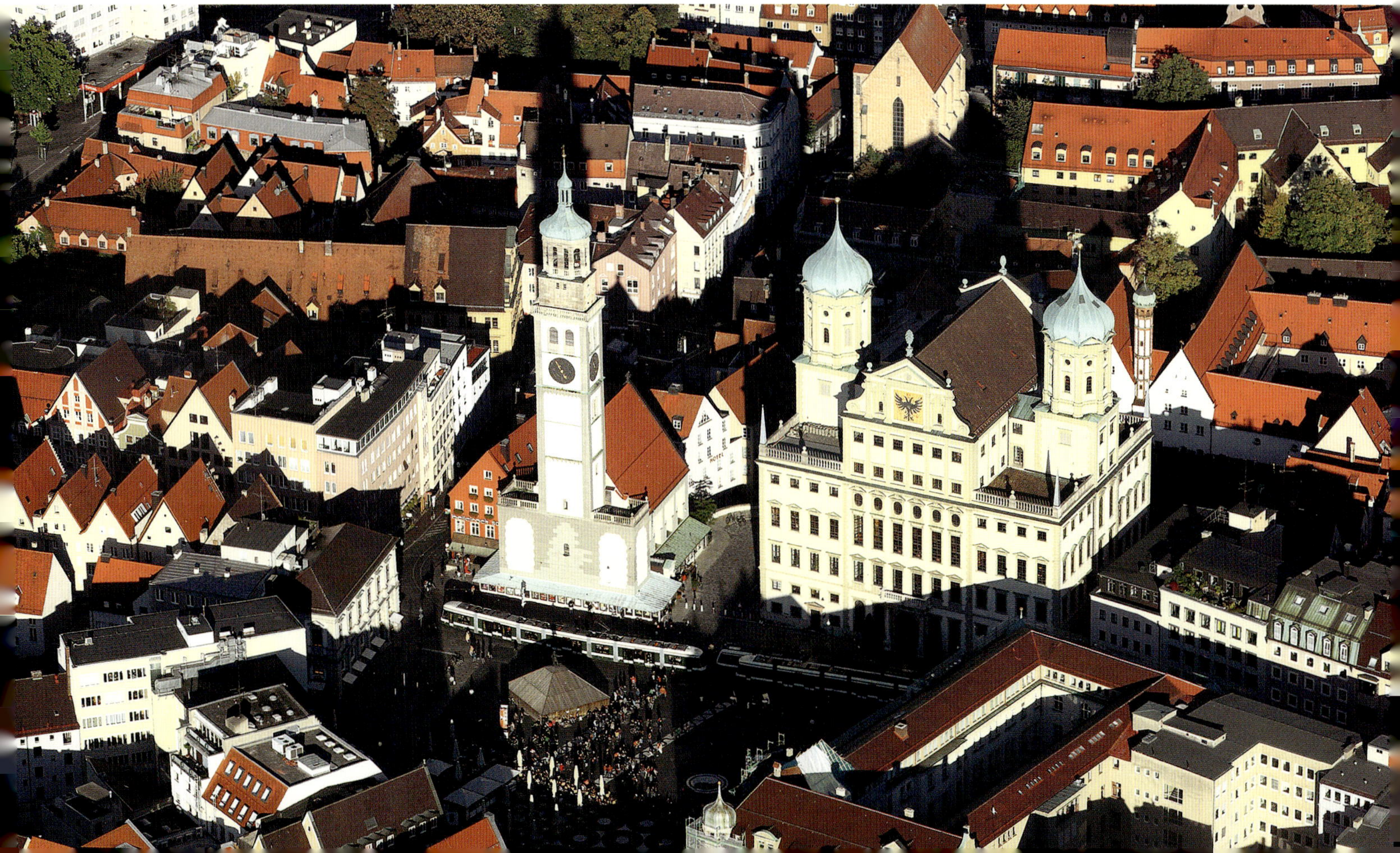

Zwischen Donauwörth und Augsburg

Der Fronhof war der ursprüngliche Friedhof des Augsburger Doms und diente später über die Jahrhunderte hinweg als Turnier- und Exerzierplatz.

Die Anfänge des Augsburger Doms mit seiner langgestreckten, fünfschiffigen Basilika gehen wohl in das 8. Jahrhundert zurück. Als Domkirche Mariä Heimsuchung ist sie die Kathedrale des Bistums Augsburg.

Zwischen Donauwörth und Augsburg

Wer kennt sie nicht, die Fuggerei Augsburgs, die erste Sozialsiedlung aus der Fuggerzeit?

Die Südoststadt beherbergt heute im historischen Heilig-Geist-Spital die berühmte Augsburger Puppenkiste. Das Marionettentheater erlangte durch zahlreiche Fernsehproduktionen landesweite Bekanntheit.

Friedberg war die bewehrte bayerische Bastion gegenüber der Freien Reichsstadt Augsburg. Die Stadt fungierte als Grenz- und Zollsicherung des Herzogtums Bayern gegenüber Augsburg.

Kissing ist heute eine Neubau-Gemeinde mit 11.000 Einwohnern. Die ehemalige Wehrkirche St. Stephan weist jedoch weit ins Mittelalter zurück.

Der Ortsname Mering weist die Marktgemeinde an der Paar als urbajuwarische Siedlung aus.

Bobingen im Süden Augsburgs verweist durch das „-ingen" im Ortsnamen auf eine alemannische Ur-Siedlung.

Trotz meist intensiver Landnutzung gibt es im Lechfeld und im Lechrain auch Waldgebiete. Diese werden einerseits genutzt, bringen aber auch Stabilität in die Ökosysteme. Die alten Lech-Terrassen sind unübersehbare Landmarken, geschaffen über Jahrhunderte hinweg in unzähligen Hochwasserperioden. Der Lech war der dominierende Landmodellierer des gesamten Lechfelds; er fungierte als unumstrittener Baumeister der weiten Ebene.

Der Lechrain

Der Ortsname weist Mering als bajuwarische Siedlung aus (eine schwäbische Siedlung hätte Meringen geheißen). Hier wird der sogenannte Lechrainer Dialekt gesprochen, also ein schwäbischer Dialekt mit starken bairischen Einschlägen. Dieses „Lechroanerisch" ist regional auf das Ostufer des Lechs beschränkt und wird zwischen Friedberg (Schwaben), Landsberg am Lech (Oberbayern) und Schongau (Oberbayern) gesprochen. Mering lag also immer im bayerisch-schwäbischen Einflussbereich. Um 1021 war es Hausgut der schwäbischen Welfen, dann gehörte es den schwäbischen Staufern und kam mit deren Aussterben 1268 per Staatsvertrag an Bayern („Konradinische Schenkung"). Heute gehört Mering verwaltungstechnisch innerhalb Bayerns wegen der großen Nähe zu Augsburg zum Bezirk Schwaben.

Königsbrunn ist eine der jüngsten Siedlungen Bayerns und besteht erst seit 1842 als Gemeinde. Knapp zehn Jahre zuvor waren auf königliche Anordnung drei Brunnen zur Versorgung der Fuhrleute und Wallfahrer gegraben worden, die im Volksmund bald den Beinamen „Königsbrunnen" bekamen. Sie waren auch der Grund, weshalb sich entlang der Straße zunehmend Siedler niederließen und schnell das längste Straßendorf Bayerns entstehen ließen. Zur Zeit der Gemeinde-Etablierung gab es daher schon gut 400 Einwohner. Die meisten der heute rund 28.000 Einwohner kamen erst nach dem letzten Krieg als Heimatvertriebene nach Königsbrunn.

Klosterlechfeld ist eine Siedlung rund um das gleichnamige Kloster. Letzteres wurde in den Anfangsjahren des Dreißigjährigen Krieges (1624) bei einer bestehenden Wallfahrtskapelle gegründet. Die blühende Wallfahrt war denn auch der Motor für bauliche Erweiterungen. 1690/91 baute man die beiden runden Seitenkapellen an, die dem Kirchenbau ein „osteuropäisches" Aussehen geben. Das Kircheninnere ist um 1750 im Stil des Rokoko ausgestattet worden.

Das Lechfeld war Schauplatz einer Jahrtausendschlacht. Eigentlich handelte es sich um zwei vernichtende Schlachten: Im Jahr 910 war ein fränkisches Heer von einem ungarischen Invasionsheer aufgerieben worden, 955 wurden die marodierenden Ungarn vernichtend geschlagen. Natürlich lässt sich nicht mehr lokalisieren, wo die Gemetzel wirklich stattgefunden haben.

Kaufering, obwohl ein urbajuwarischer Ort, erlebte seinen ersten Aufschwung erst 1872 mit dem Bau der Eisenbahn, als diese aus technischen Gründen nicht direkt nach Landsberg geführt werden konnte. Kaufering avancierte dadurch zu einem wichtigen Bahnhof. Die einsam gelegene St.-Leonhard-Kapelle auf den Lechwiesen ist farbenfroher Rokoko-Ausdruck der Volksfrömmigkeit und noch heute Ziel des alljährlichen Leonhardi-Ritts. Ein großes Deckenfresko thematisiert den Hl. Leonhard als Fürbitter der Landbevölkerung.

Landsberg/Lech (LL im Kfz-Kennzeichen) liegt an einem prominenten Hochufer des Lechs. Die steile Verbindung der Alten Bergstraße (sic!) hinauf zur Altstadt war immer der Alptraum der Fuhrleute. Bis in die 1950er-Jahre war auf dieser Straße aus Sicherheitsgründen Linksverkehr zwingend vorgeschrieben. Doch „Landesperch" mit seiner Salzbrücke über den Lech war für München stets eine sichere Einnahmequelle gewesen. Der Salzpfennig brachte der Stadt einen ansehnlichen Wohlstand. Es gab aber auch Katastrophen, wie das schwedische Massaker 1633, als Bernhard von Sachsen-Weimar auf schwedischer Seite sich am Niedermetzeln aller Bewohner ergötzte. Das Gefängnis in Landsberg stammt aus dem Jahr 1908. Hier saß ein Graf Arco (1897–1945) für sein tödliches Attentat auf den bayerischen Ministerpräsidenten Kurt Eisner (1867–1919) ein. Hier trat 1924 Adolf Hitler seine eigentlich zwölfjährige Haft ein, die nach 264 Tagen schon wieder vorbei war. Hier saß auch Pater Rupert Mayer (1876–1945) ein, der als Präses der Marianischen Männerkongregation ein strikter Gegner des Nationalsozialismus war. Hier ließen sich US-Amerikaner nicht das Recht auf Hinrichtungen nehmen, auch nachdem das Grundgesetz 1949 Todesstrafen ausdrücklich untersagt hatte.

Schongau, die am westlichsten gelegene Stadt des Regierungsbezirks Oberbayern, liegt mit seiner gut erhaltenen Altstadt auf einem Lechberg am Westufer des Lechs. Eine fast vollständig erhaltene Stadtmauer demonstriert die große mittelalterliche Bedeutung der Stadt für Altbayern. Als Grenzstadt nutzte man die Vorteile an den Handelswegen; Schongau erlebte eine enorme Blütezeit. Erst nach der Entdeckung Amerikas hatten die großen Handelsstraßen dramatische Änderungen erfahren. Die großen Warenströme kamen zunehmend nicht mehr aus dem Mittelmeerraum, sondern aus den Überseehäfen der Nordsee. In der Folge verarmte die Stadt zusehends. Öffentliche Gebäude wie das Schloss oder das Ballenhaus mussten aufgegeben werden. Erst der Anschluss an die Eisenbahn brachte Abhilfe. Die Stadt auf dem leicht zu verteidigendem Hügel in der Lech-Schleife war dennoch zunächst alemannisches Land, das erst als Teil der Konradinischen Pfändung an Bayern kam. Der 16-jährige Konradin (1252–1268) hatte all sein staufisches Land verpfändet, um in Süditalien das Erbe seines Großvaters, des großen Friedrichs II., einzufordern. Dieses hatte der Papst gegen alles Recht an einen Franzosen verschenkt. Für den jungen Konradin endete das Ganze besonders tragisch, wurde er doch auf dem Marktplatz von Neapel zusammen mit seinen engsten Gefährten hingerichtet! Dieses grausame Vorgehen diskreditierte das Papsttum auf lange Zeit. Der letzte staufische Erbe war tot, einer der Nutznießer war das Herzogtum Bayern mit einem beachtlichen Gebietszuwachs, der Lech wurde damit endgültig zur Westgrenze des Herzogtums.

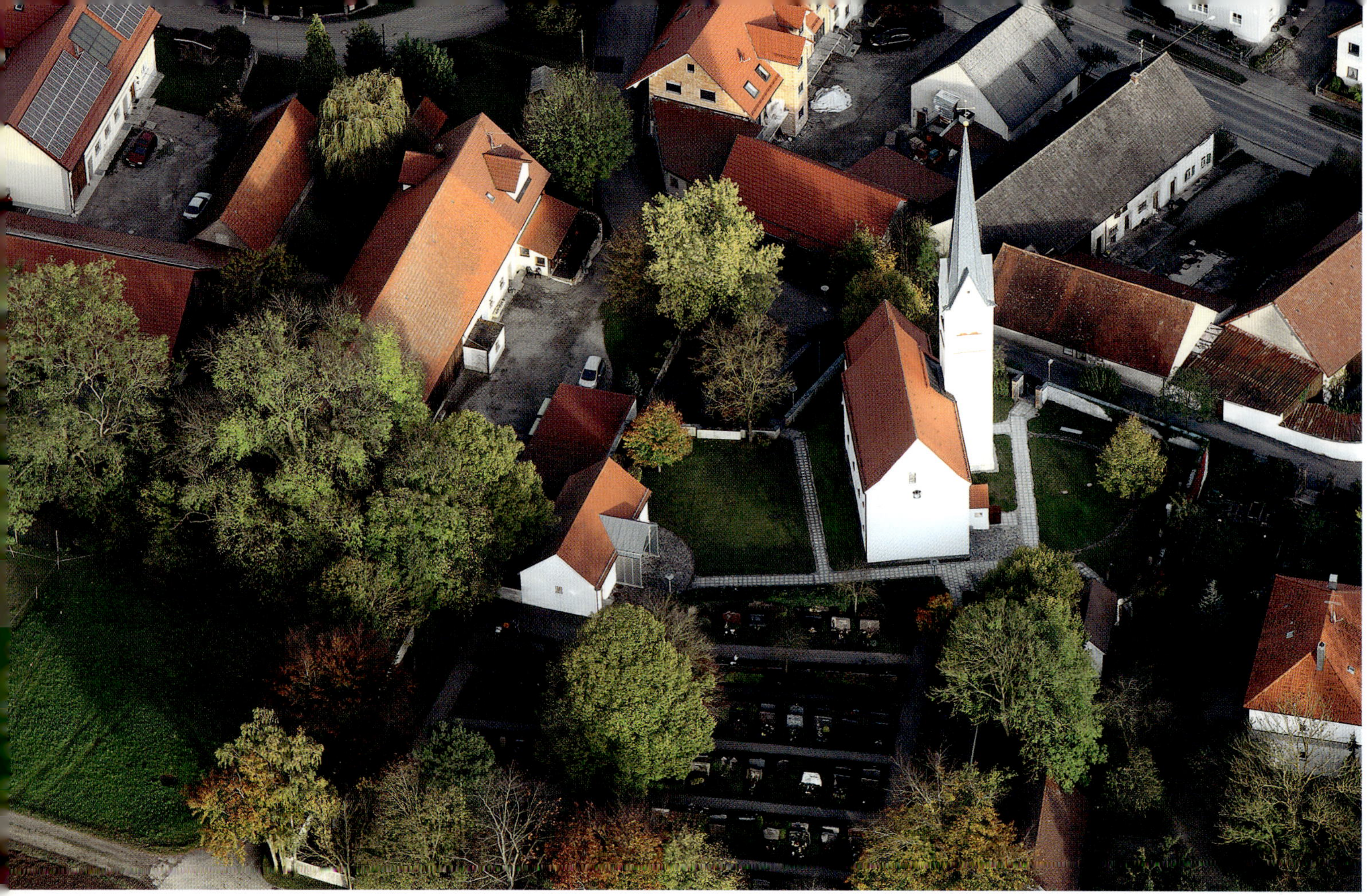

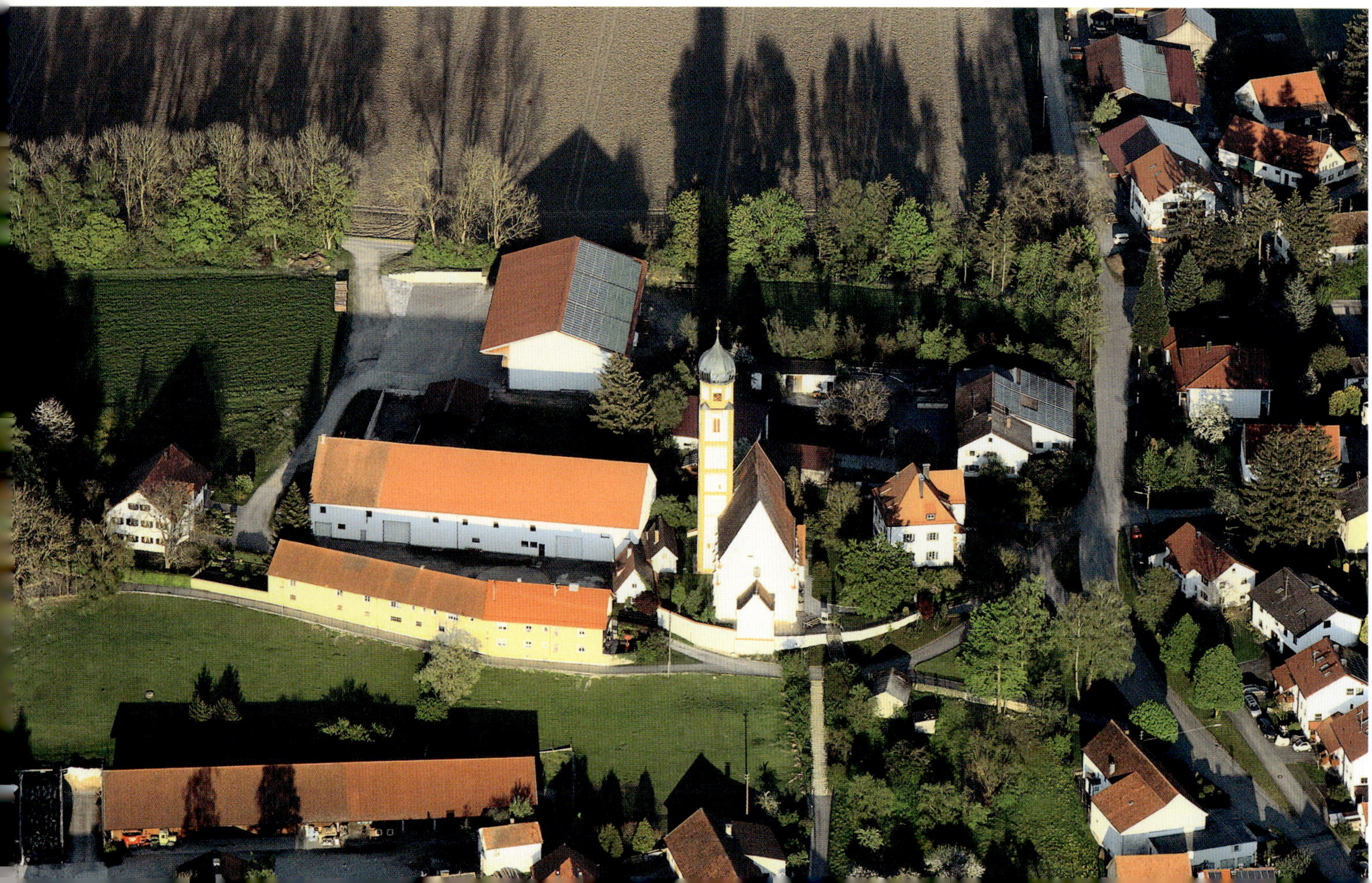

◄ Das „-ingen" in Kleinaitingen verweist auf den alemannischen Siedlungsraum; der Ort liegt auch am linksseitigen Lechufer.

◄ Pittriching, am rechtem Lechufer gelegen, ist von Norden kommend der erste Ort des Landkreises Landsberg am Lech. Es handelt sich um einen bayerischen Ortsnamen.

Die katholische Wallfahrtskirche Maria Kappel im freien Gelände war ursprünglich ein gotisches Gotteshaus, das aber im 18. Jahrhundert als Rokokobau ausgeführt wurde. Verantwortliche Bauherren waren die Fugger, der Chorbogen zeigt auch deren Wappengeviert. Seit gut drei Jahrhunderten wird jährlich am ersten Juli-Sonntag das „Kappelfest" gefeiert.

Scheuring direkt am rechten Lechufer gehörte über mehrere Jahrhunderte dem fernen Kloster Schäftlarn, nachdem ein Wittelsbacher das Dorf samt Zehnt dem Kloster vermacht hatte. Es war ein staufisches Dorf, das im Rahmen der Konradinischen Schenkung zum Wittelsbacher Eigenbesitz geworden war.

Kloster Lechfeld (oben) und Untermeitingen (unten) liegen wieder auf der linken Lechseite. Hier war seit alters das Hochstift Augsburg der Grundherr. Kloster Lechfeld und die dazugehörige Wallfahrtskirche Maria Hilf sind jedoch erst kurz nach 1600 entstanden, eine Stiftung der Witwe des Augsburger Bürgermeisters war der Anlass.

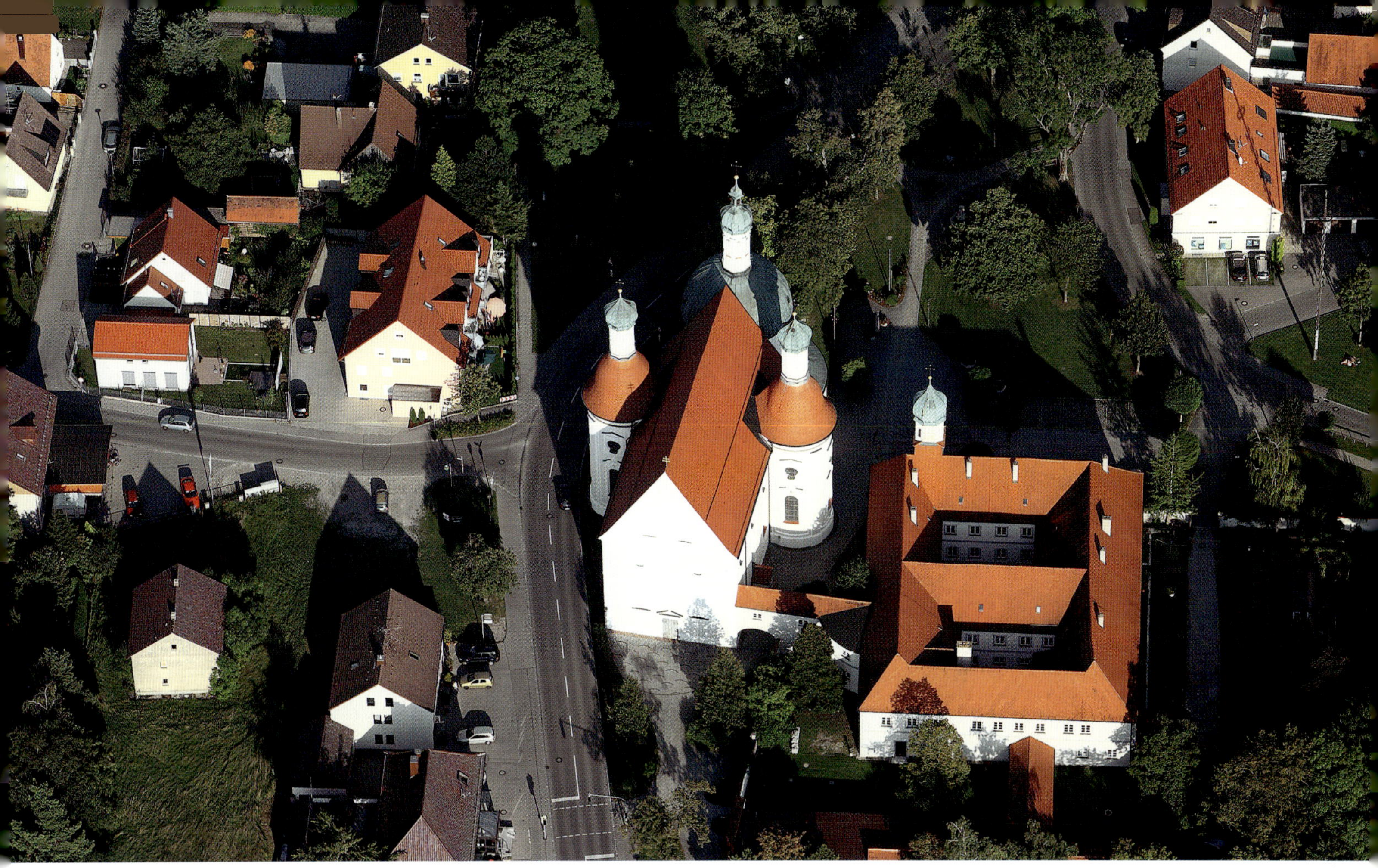
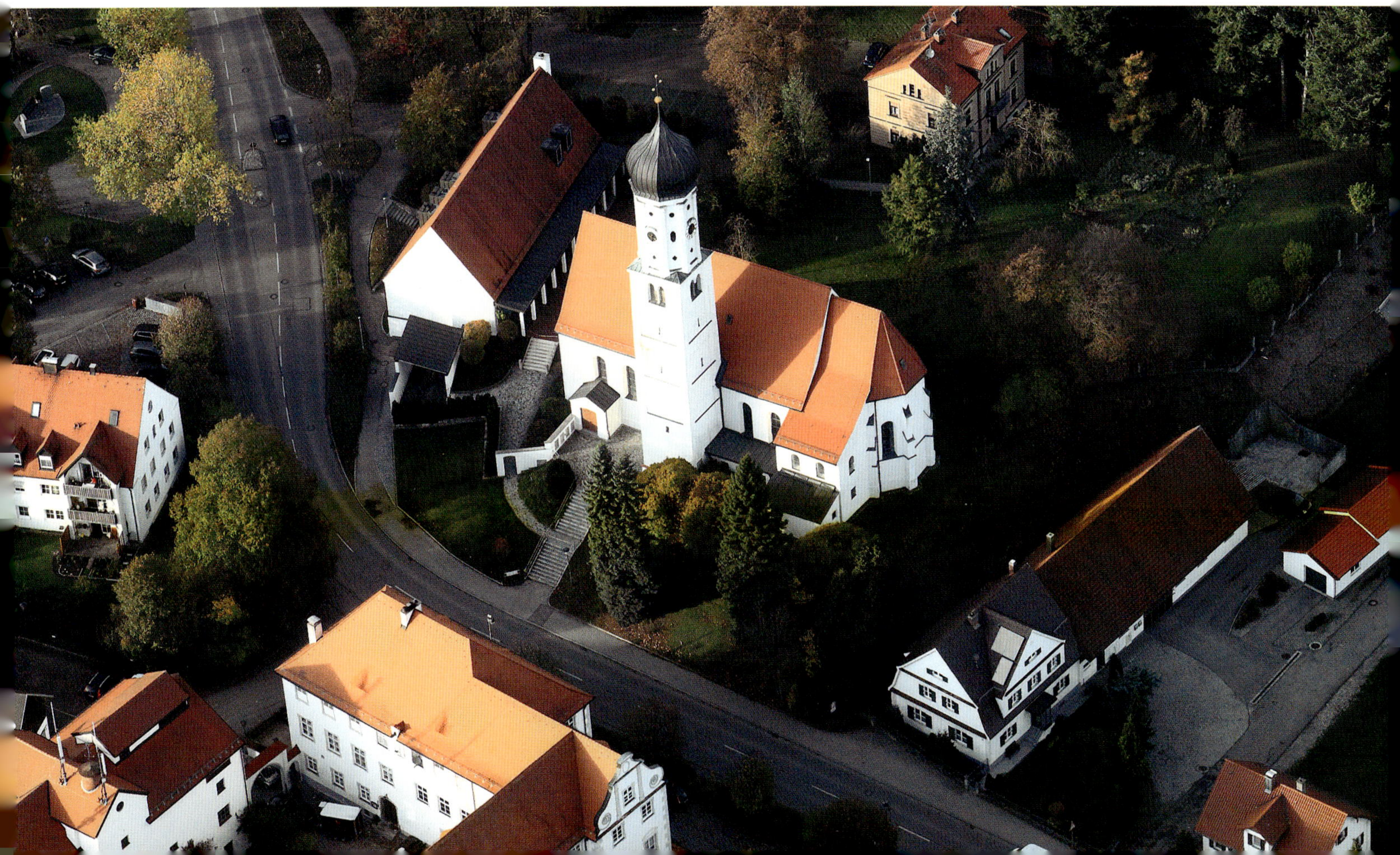

Der Lechrain

Schloss Hurlach mit seinen markanten Ecktürmen stammt aus Fuggerzeiten, hat aber ziemlich oft den Besitzer gewechselt. In den 1960er-Jahren war es im Besitz des SOS-Kinderdorfverbands, heute gehört es einem christlichen Missionswerk.

Der alte Ortskern von Kaufering liegt klar auf einer hochwassersicheren Terrassenkante. Hier verlief die Salzstraße, bevor diese noch zu Welfenzeiten nach Landsberg verlegt wurde – eine politische Entscheidung, die Kaufering einige ruhige Jahrhunderte einbrachte.

Der Lechrain

Die Wallfahrtskapelle St. Leonhard auf dem Lechhochufer stammt aus dem 18. Jahrhundert. Ein großes Deckenfresko bildet den Hl. Leonhard als Fürbitter der Landbevölkerung ab. Ein lateinisches Chronogramm erläutert die Geschichte: Übersetzt lautet es: „Ungezwungene Frömmigkeit hat es dem hl. Leonhard versprochen. Kauferinger Freigebigkeit hat es in diesem Versprechen gebaut und großzügige Ausstattungsfreudigkeit hat es gekrönt." Außerdem sind die drei wichtigsten Jahreszahlen der Kapelle genannt: 1704, 1715, 1765.

Die Pestkapelle St. Walburga steht inmitten von Feldern; der kleine Sattelbau stammt aus dem 14. Jahrhundert. Alljährlich wird in der Bittwoche im Mai ein gemeinsamer Gottesdienst mit den Nachbarpfarreien gefeiert.

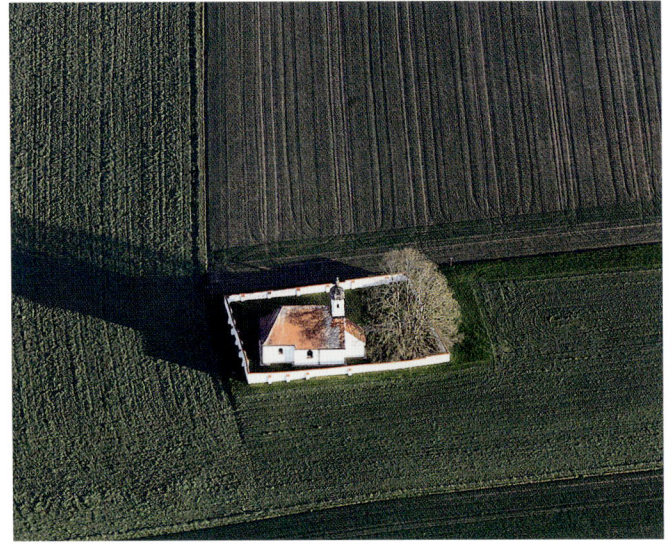

Der Lechrain

Der Lechrain

Landsberg am Lech mit ist seit Welfenzeiten der befestigte Grenzort am Lech. Hier kreuzten über Jahrhunderte die Salztransporte aus Bayern den Lech, hier kamen die Einfuhren aus Schwaben ins Land. Landsberg wurde dadurch eine wohlhabende Stadt.

Die ehemaligen Jesuitengebäude (ganz oben rechts) liegen bereits auf dem „Berg", dem östlichen Hochufer. Links sieht man die Stadtpfarrkirche Mariä Himmelfahrt.

Die heutigen technischen Mittel erlauben eine weitgespannte Brücke über das Lechtal; früher konnte man davon nur träumen.

Allgäuer Finale

Die Bezeichnung Pfaffenwinkel stammt von den vielen Kirchen und Klöstern in der Region und aus einer Zeit, als der Name Pfaffe noch kein Schimpfwort war. Das ehemalige Augustiner-Chorherrenstift Rottenbuch ist ein würdiger Vertreter des Pfaffenwinkels. Der Rodungsname (Buchenrodung) verweist ins frühe Mittelalter, in einer Urkunde des Jahres 1073 hatte ein Welfe dem Kloster viel Land zu beiden Seiten der Ammer geschenkt. Die romanische Basilika war im gotischen Stil erweitert und schließlich im Rokokostil ausgeschmückt worden. Das hinderte die Aufhebungskommissare nicht daran, 1803 das Kloster ohne Wenn und Aber zu säkularisieren. Für einen Spottpreis an einen Schweizer Fabrikanten verkauft, wurden die meisten Klostergebäude abgerissen. Noch schlimmer: Die gesamte wertvolle Bibliothek wurde zum Kilopreis an eine Papiermühle verscherbelt!

Der 1.055 Meter hohe Auerberg war schon in der Jungsteinzeit besiedelt. Hier befand sich wohl die keltische Festung Damasia, die der griechische Geograf Strabo (64 v. Chr.–23 n. Chr.) in seiner 17-bändigen „Geographica" aufgeführt hatte. Bereits um 15 v. Chr. wurde der Auerberg römisch. Heute thront die St. Georgskirche auf dem Berg, eine spätmittelalterliche Ummauerung deutet den aufgelassenen Auerberger Friedhof an. Alljährlich findet am 23. April ein Georgi-Ritt auf dem Auerberg statt, der nach einer feierlichen Pferdesegnung hoch zu Ross die Auerbergkirche umrundet.

Das Kloster Steingaden wurde kurz vor 1150 als Prämonstratenser-Kloster gegründet, 25 Jahre später weihte man die romanische Klosterkirche ein. Das Welfenmünster ist noch weitgehend unter den späteren Überformungen erkennbar. Es folgt dem Typus der querschiffslosen, romanischen Basilika mit einer Doppelturmfassade. Die Kirchendecke wurde später gotisch umgestaltet. Nach friedlichen dreieinhalb Jahrhunderten kam für Kloster Steingaden 1525 im Bauernkrieg die erste Zäsur mit Brandschatzung und Plünderung. Dieser Volksaufstand hatte in Bayern kaum Unterstützer gefunden, jedoch gerade im Schwäbischen die Volksseele hochkochen lassen. Die „Revolution des Gemeinen Mannes" hatte bspw. in Memmingen die „Zwölf Artikel" hervorgebracht, die als frühe Formulierung der Menschenrechte eingestuft werden. Die einfachen Leute hatten die Lehre Martin Luthers wörtlich genommen. In der Argumentation Luthers war ein Christenmensch niemandem untertan, also konnte man die bislang mit dem „Willen Gottes" gerechtfertigten Ansprüche von Adel und Klerus hinterfragen. Die Bauern haben verloren und wurden zu Tausenden abgeschlachtet, während Luther sich auf die Seite der Herrschenden schlug und seine neue Lehre rettete.

Die Wieskirche ist seit 1983 Weltkulturerbe. Ohne das Kloster Steingaden gäbe es das Barock-Kleinod nicht, denn die „Wallfahrtskirche zum Gegeißelten Heiland auf der Wies" wurde mit Klostermitteln auf der grünen Wiese erbaut. Baumeister waren die Brüder Johann Baptist (1660–1758) und Dominikus Zimmermann (1665–1766) aus der Wessobrunner Schule. Der Kirchenbau um 1750 brachte das Kloster Steingaden in große finanzielle Schwierigkeiten, von denen es sich bis zur Säkularisation 1803 nicht erholte. Heute kommen jährlich mehr als eine Million Menschen zur Wieskirche.

Die Wallfahrtskirche St. Coloman besticht ihrer Einzellage wegen: Auf freier Flur grüßt Sie die große Feldkapelle. Das äußere Erscheinungsbild weist gotisch anmutende, gestufte Strebepfeiler auf, der Kirchenbau ist jedoch ein echtes Kind des Wessobrunner Barocks. Die Kirche ist dem Hl. Coloman geweiht, der hier 1012 auf seiner Pilgerreise nach Jerusalem Station gemacht haben soll; nur wenig später war er in Niederösterreich als angeblicher, böhmischer Spion gefoltert und hingerichtet worden. Schnell wurde er zum Schutzheiligen von Reisenden. Lange galt er auch als Landespatron von „Österreich ob und unter der Enns".

Die beiden Königschlösser Hohenschwangau und Neuschwanstein sind vergleichsweise jungen Datums: Das erste steht zwar auf mittelalterlichen Mauern, stammt aber in seiner jetzigen neugotischen Form aus dem Jahr 1837. Neuschwanstein ist eigentlich noch eine Großbaustelle, nachdem Bauherr Ludwig II. 1886 auf Druck seiner Verwandtschaft und der Münchner Staatsregierung entmündigt worden war. Beide Schlösser sind heute enorme Besuchermagneten, allein Neuschwanstein wollen Jahr für Jahr 1,3 Millionen Touristen sehen. Heute arbeitet man an der Aufnahme der „Ludwig-Schlösser" Neuschwanstein, Linderhof und Herrenchiemsee in die Liste des UNESCO-Weltkulturerbes.

Füssen ist das Ziel unserer Reise auf der Romantischen Straße. Die Stadt gehörte seit 1313 den Augsburger Bischöfen, die in der ausklingenden Zeit der Gotik das Hohe Schloss über der mittelalterlichen Stadt hatten errichten lassen. Es gilt als eine der am besten erhaltenen mittelalterlichen Anlagen Bayerns. Zusammen mit dem Kloster St. Mang bildet es noch heute eine charakteristische Einheit in der Füssener Altstadt. Letzteres sieht seine Wurzeln im Hl. Mang, jedoch sollte man handfeste machtpolitische Interessen nicht unterschätzen; der Standort des Klosters markierte eine geografische Schlüsselposition. Sowohl die Augsburger Bischöfe als auch die kaiserliche Politik wollte diese Stelle gesichert wissen. Hier endet also die Romantische Straße. Sie war die Luftreise wert.

Allgäuer Finale

Schloss Pöring ist ein kubischer, dreigeschossiger Walmdachbau am rechten Lechufer. Die Schloss- und Wallfahrtskirche war vor allem im 18. Jahrhundert das Ziel einer lebhaften Marienwallfahrt gewesen.

Apfeldorf scheint wegen des aufgestauten Lechs direkt am Wasser hoch über dem Fluss zu stehen. Die Pfarrkirche „Heilig Geist" besitzt einen spätromanischen Westturm, einen spätgotischen Chor und ein barockisiertes Langhaus.

Die einsame Lorenzkapelle bei Epfach mit ihrer reich gegliederten Westfassade stammt aus dem Jahr 1751.

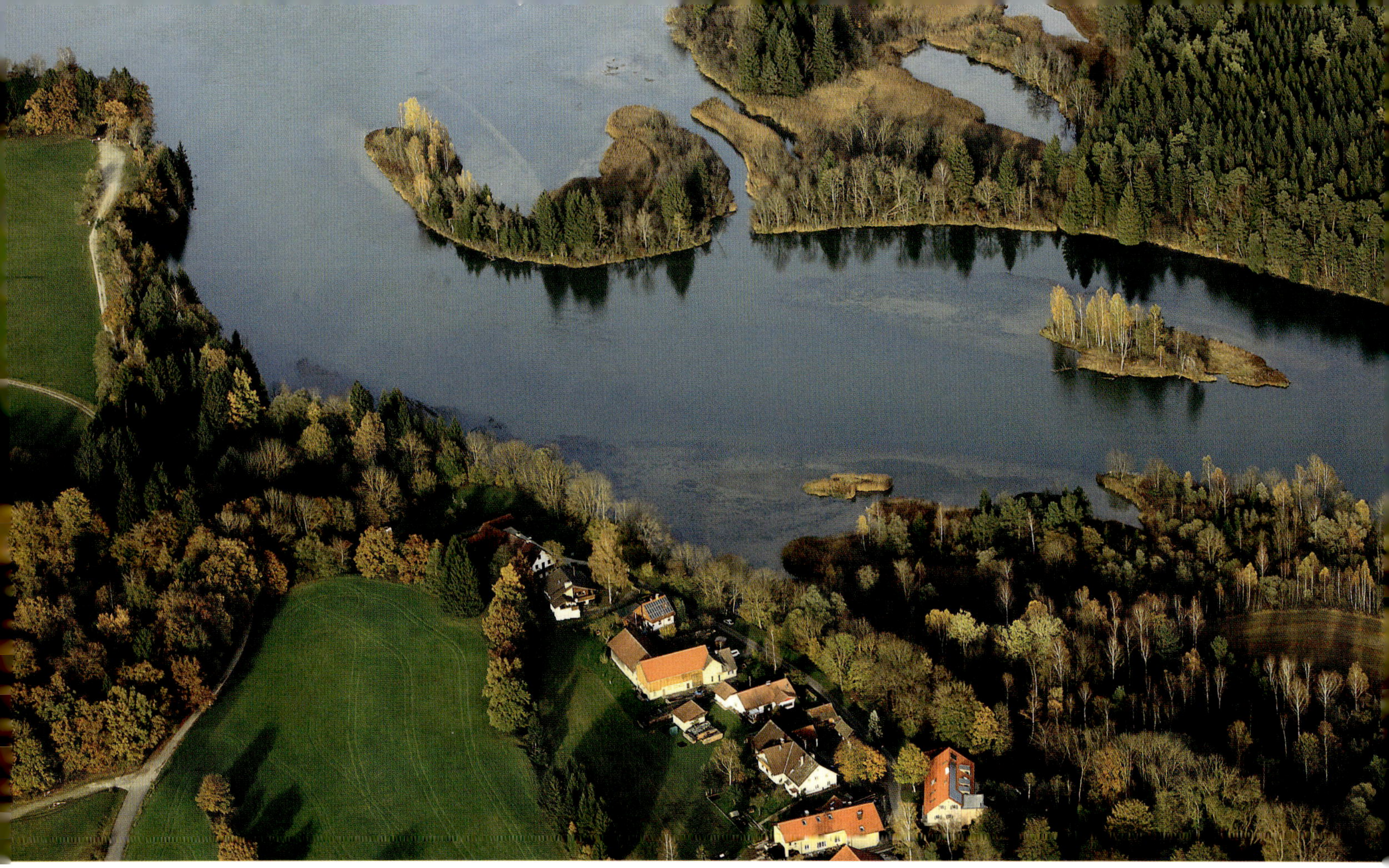

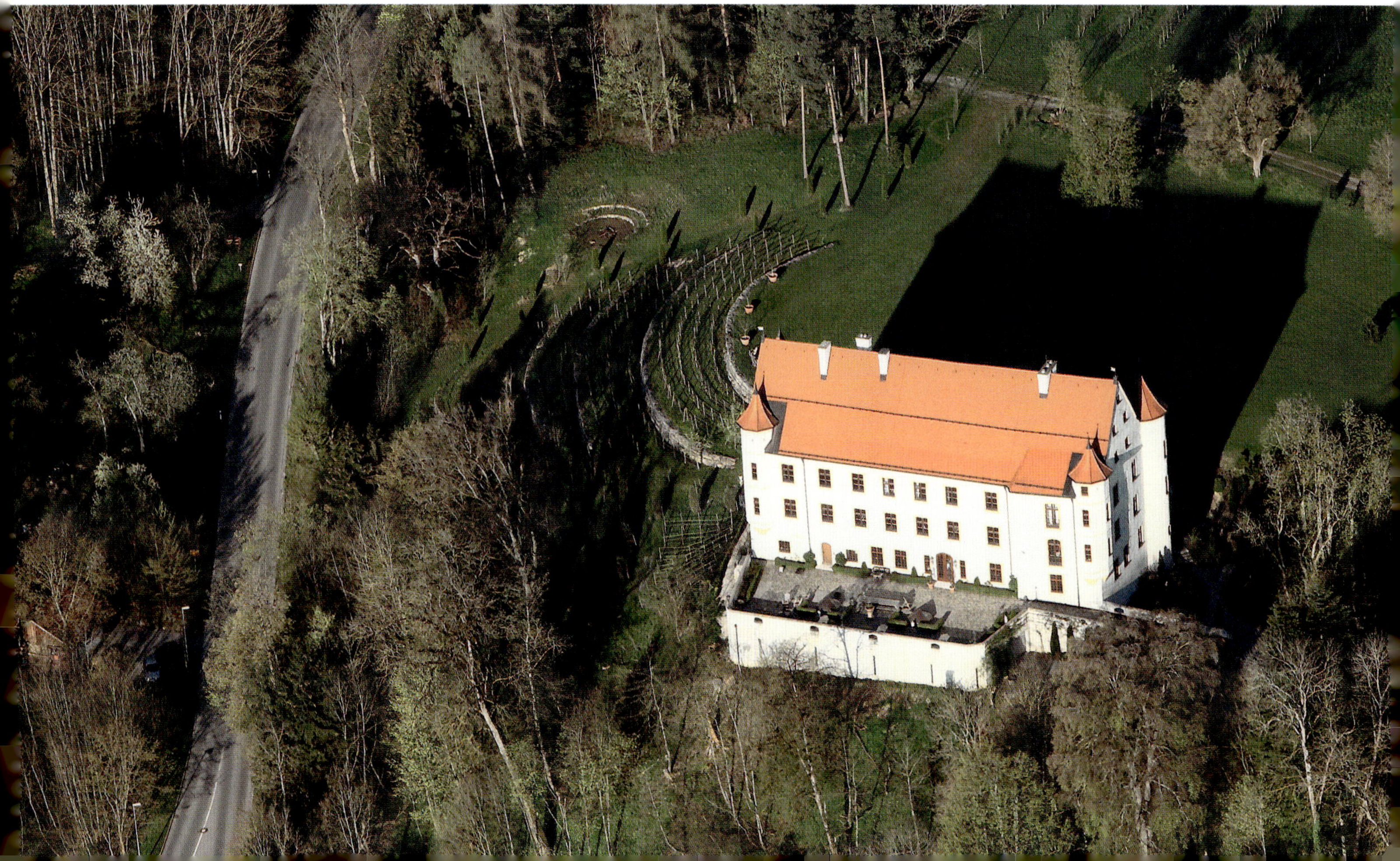

Allgäuer Finale

◀ Unterdießen war bis 1802 Augsburger Land, die Mitra im Ortswappen lässt keine Zweifel aufkommen.

Die Maria-Eich-Kapelle liegt malerisch ▶ außerhalb von Erpfting allein auf weiter Flur. Vor ein paar Jahren hätte sich eine brennende Opferkerze beinahe zur Katastrophe ausgewachsen; gottlob hat es „nur" Ruß-Schwärzungen gegeben.

Schloss Unterdießen steht auf den Resten einer römischen Fliehburg. Von der mittelalterlichen Burg ist nichts mehr zu sehen, da noch vor 1600 das Schloss in seiner heutigen Form erbaut wurde. ▼

Allgäuer Finale

Schongau gehört seit 1268 zu Oberbayern, obwohl der Lech die Sprachgrenze zwischen dem Bayrischen und dem Schwäbischen markiert. Allerdings enthält der Lechrainer Dialekt sowohl bayrische als auch alemannische Anteile. Die Schongauer Altstadt mit ihrer fast vollständig erhaltenen Stadtmauer thront hoch über einer Lechschleife.

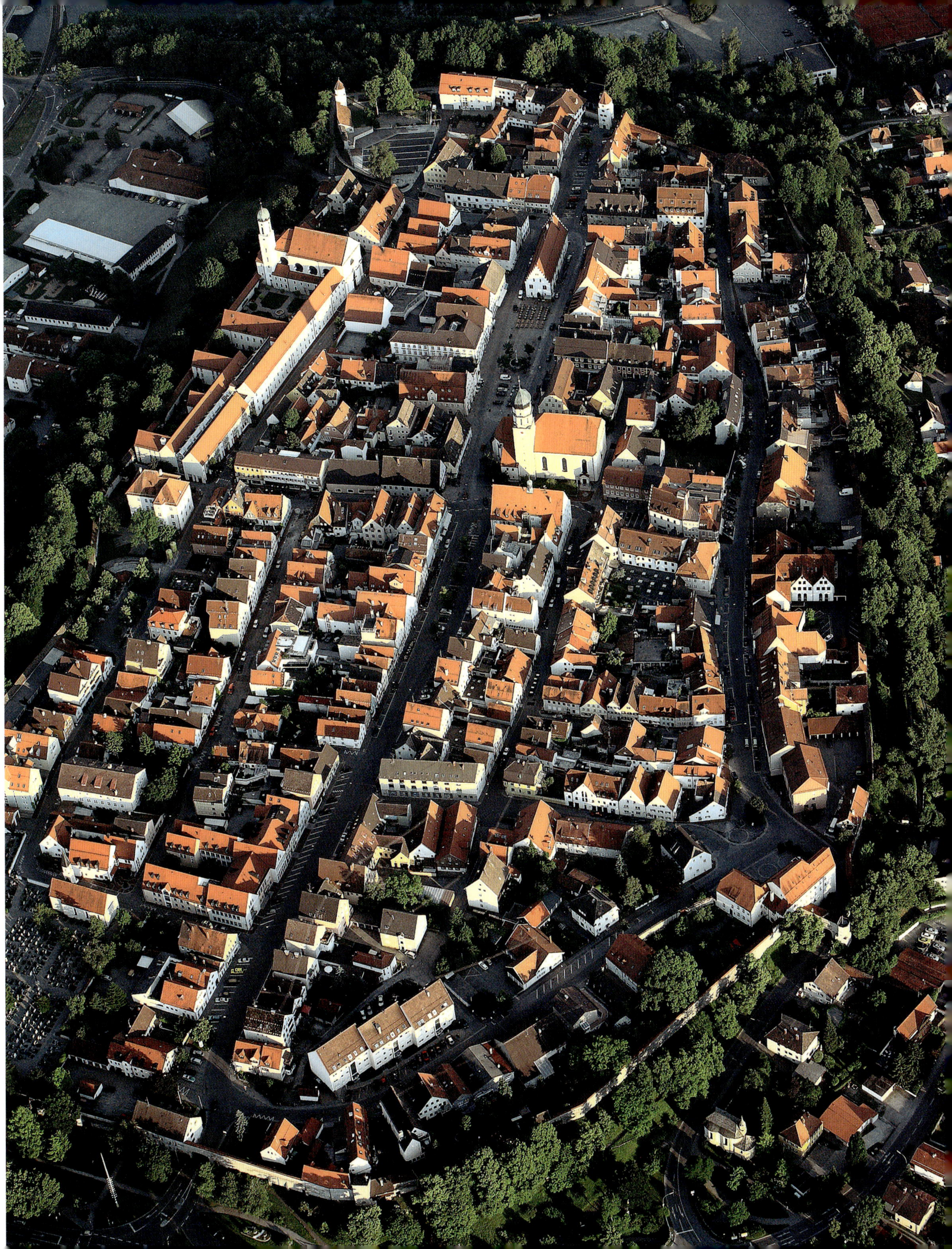

Allgäuer Finale

Peiting ist ein rasant gewachsener Ort, der dennoch einen historischen Kern hat. Die Wallfahrtskirche Maria unter der Egg hat ihre Anfänge in den letzten Jahren des Dreißigjährigen Krieges, als erste Wallfahrer zu einem Bildstock um Hilfe pilgerten.

Der Hohe Peißenberg mit 988 Meter Meereshöhe präsentiert sich als erste große Erhebung vor der Alpenkette. In Anspielung auf den Schweizer Rigi wird er auch nicht selten Bayerischer Rigi benannt. Die Wetterstation Hohenpeißenberg ist seit 1781 im Einsatz und gilt als die älteste Bergwetterstation der Welt.

Allgäuer Finale

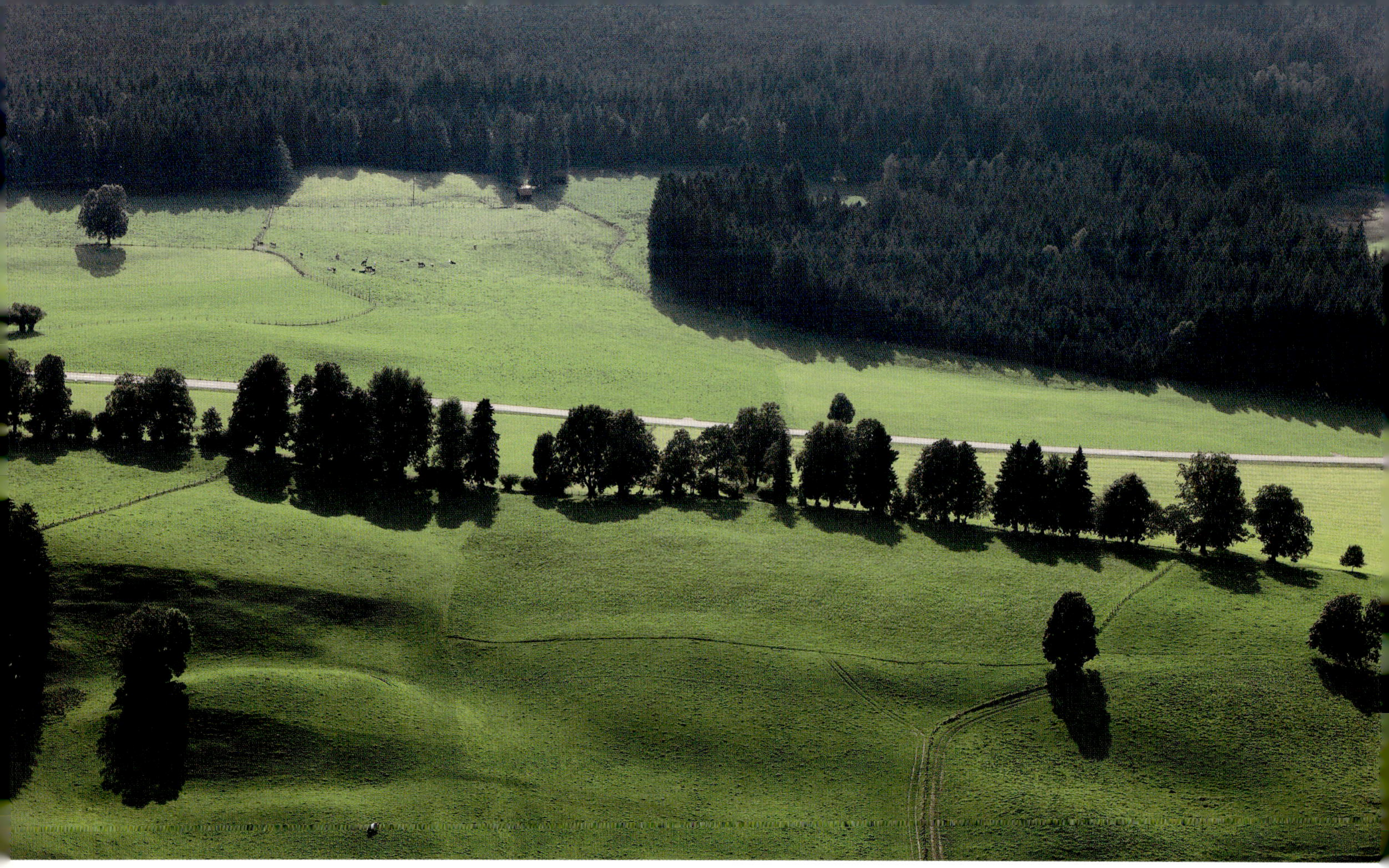

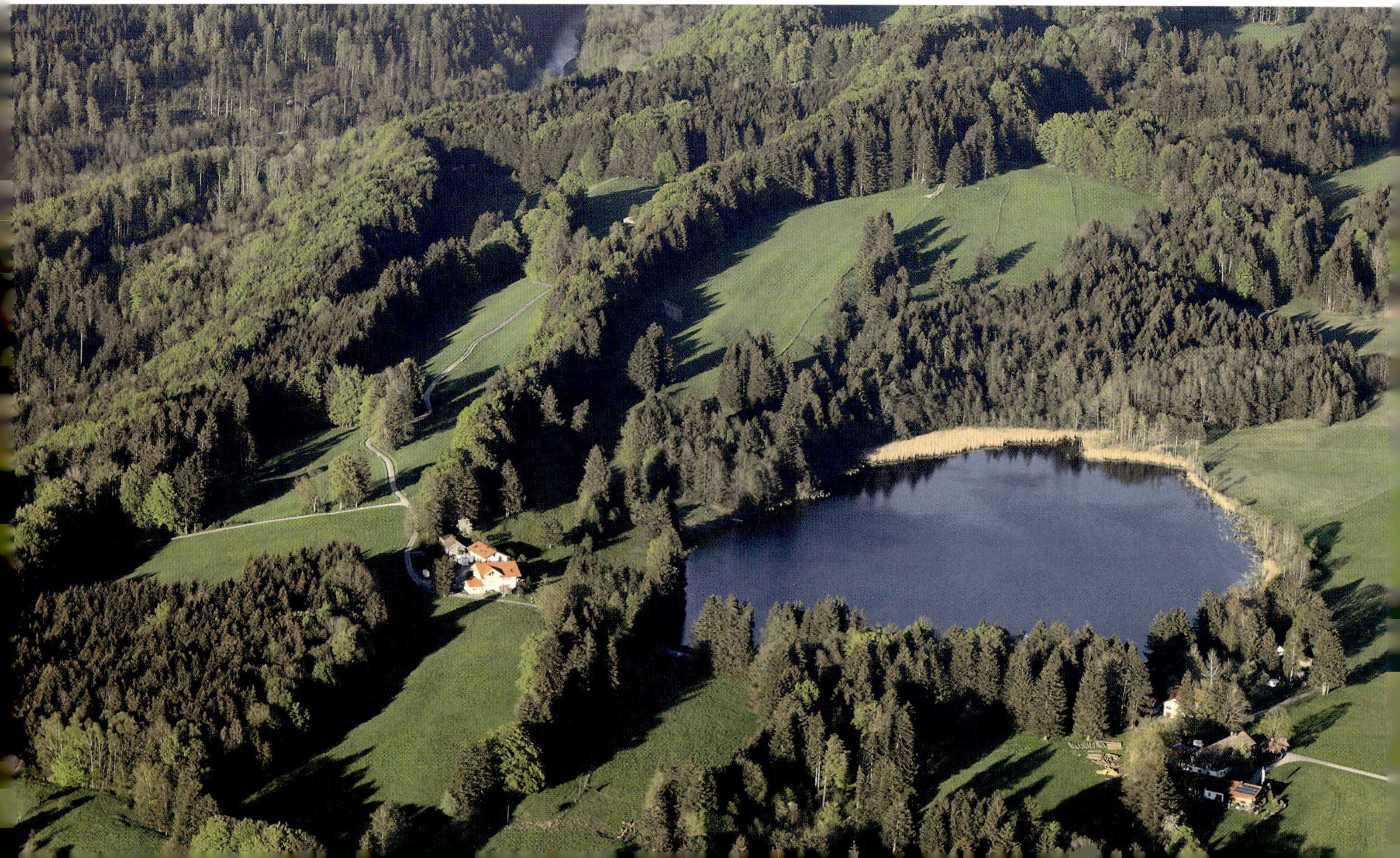

◄ Spätestens hier sind wir mitten im Allgäu. Seit gut zwei Jahrhunderten ist hier Grünland vorherrschend, nachdem das blaue Allgäu der Flachsblüten abgelöst war.

◄ Der Lugenausee ist ein kleiner moorhaltiger Badesee im Ammertal.

Das Augustiner-Chorherrenstift in Rottenbuch war 1073 vom welfischen Bayernherzog gegründet und 1803 säkularisiert worden. In den Jahrhunderten dazwischen fungierte es als großes religiöses Zentrum der Region.

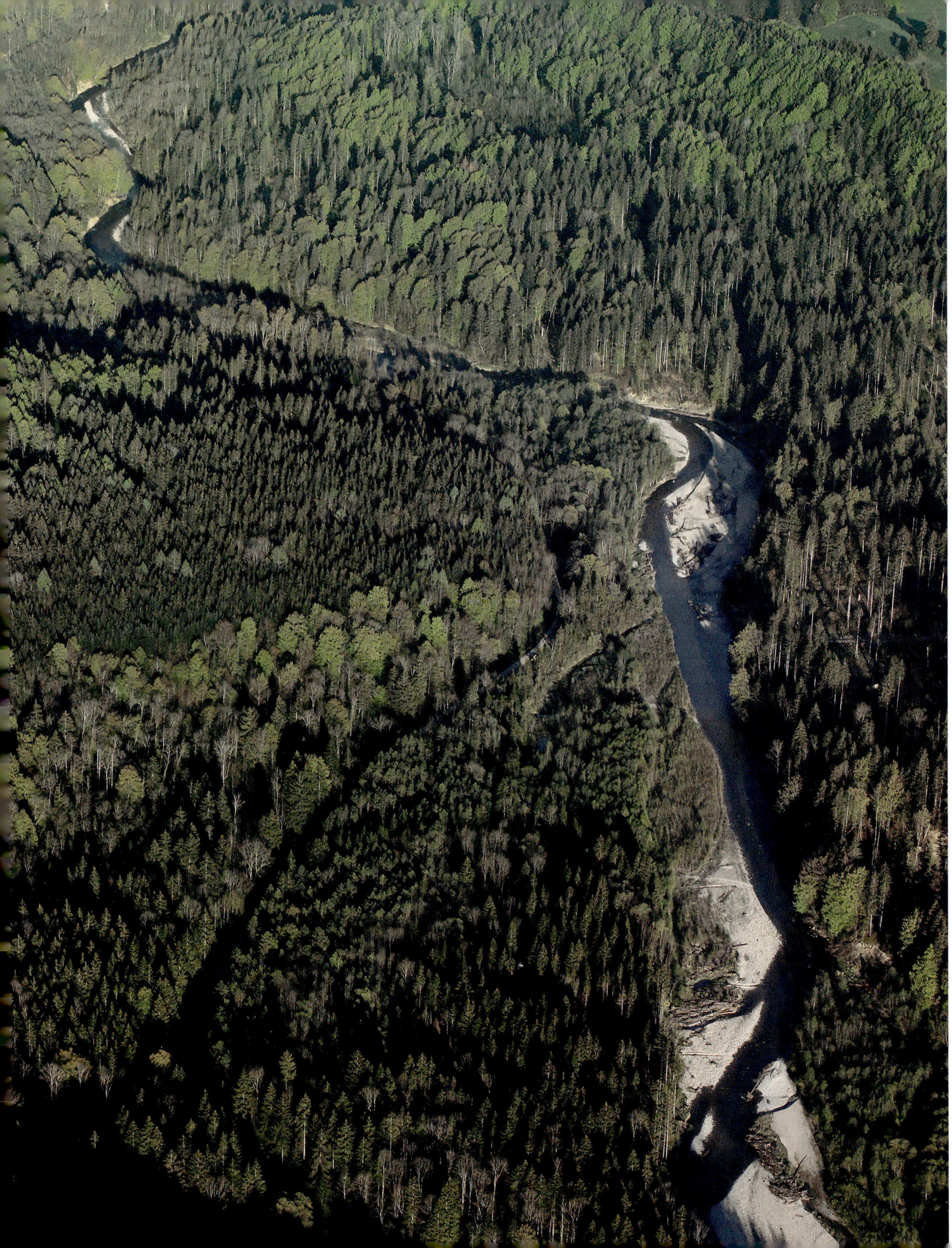

Allgäuer Finale

Die kleine Pfarrkirche in Wildsteig ist dem Hl. Jakob geweiht und wegen ihres späten Rokokos mit klassizistischen Anklängen berühmt. Die Hochaltarfiguren vom Meister der Blutenburger Apostel stammen allerdings noch aus dem Spätmittelalter.

◄ Die wilde Ammerschlucht ist ein tief eingeschnittenes Tal, das der Ammer den Weg zum Ammersee freimacht.

Je mehr man sich den Alpen nähert, desto häufiger finden sich Moore, die sich bislang einer Nutzung entzogen haben.

Die Wiesen treten langsam immer weiter zurück, der Wald übernimmt; er wird vor allem im Winter als Schutzwald gebraucht, wenn die Schneemassen überhand nehmen können. Nicht selten steht eine einsame Linde mitten in den Wiesen und beschattet eine kleine Kapelle oder einen Bildstock (Bild unten).

Allgäuer Finale

Das Kloster Steingaden (ganz unten angeschnitten) mit seinem romanischen Welfenmünster (Bildmitte) gilt heute als eine der bedeutendsten Sehenswürdigkeiten des Pfaffenwinkels, obwohl dort wahrlich viele weitere Kulturgüter vorhanden sind. Als Prämonstratenserkloster 1147 gegründet, war es bis zur Säkularisation 1802 das Zentrum der Region schlechthin.

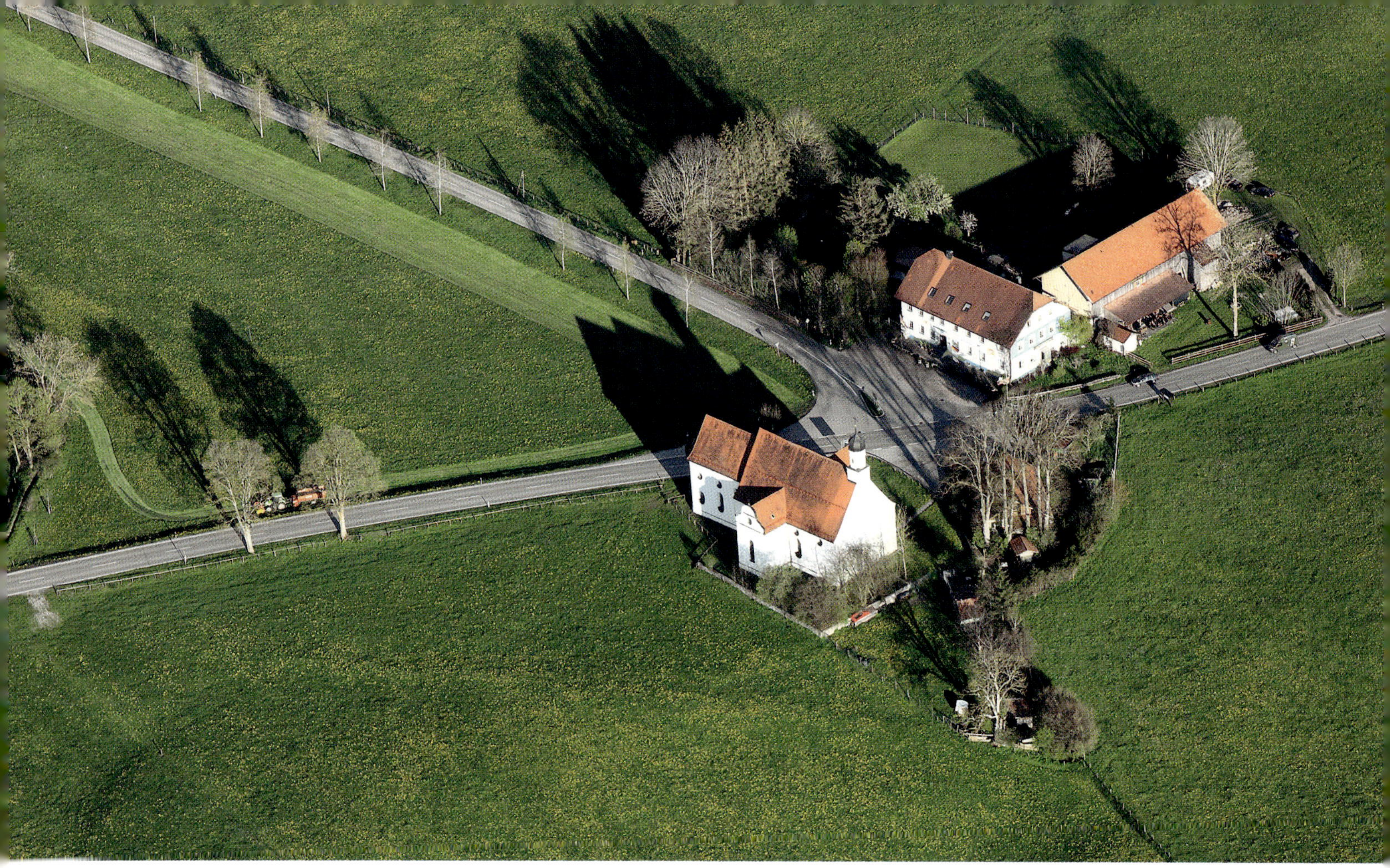
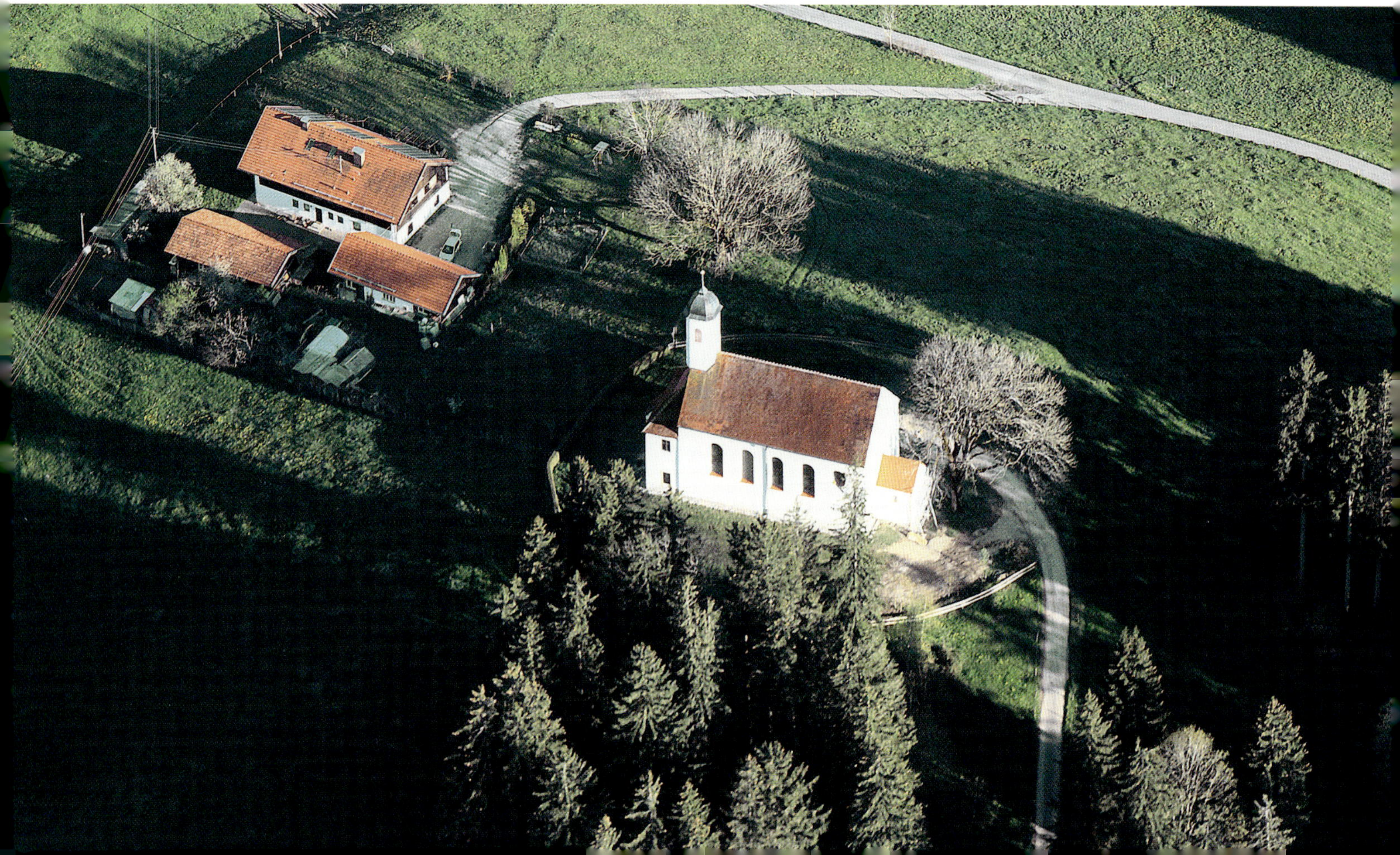

Allgäuer Finale

◂ Die Wallfahrtskirche Mariä Heimsuchung in Ilgen ist eine barocke Saalkirche. Die Vorgängerkirche war eine Pestkapelle. Bauherr war das Kloster Steingaden.

Die St. Peterskapelle im Halblecher Ortsteil Berghof ist Eigentum der Einwohner, die auch für die Pflege und den Erhalt der Kapelle aufkommen, sei es über Mitgliedsbeiträge, Spenden oder viele freiwillige Arbeitsstunden.

◂ Die kleine Kreuzbergkirche steht auf der Anhöhe des namensgebenden Kreuzbergs. Sie ist alljährlich am 4. Juli das Ziel des legendären Ulrich-Ritts aus Steingaden.

Allgäuer Finale

Die Wieskirche hat ihren Namen von der einsamen Lage. Der vollständige Name lautet „Wallfahrtskirche zum Geißelten Heiland auf der Wies". Sie war derart schnell berühmt geworden, dass sogar die Aufhebungskommissare der Säkularisation 1803 sich nicht Hand anzulegen trauten.

Bauherr der zwischen 1745 bis 1754 erbauten Wieskirche war das nahe Kloster Steingaden. Die Baukosten beliefen sich nicht auf die ursprünglich veranschlagten 39.000 Gulden, sondern waren schließlich auf 180.000 explodiert.

Schloss Hohenschwangau hat eine abenteuerliche Besitzergeschichte: 1820 vom bayerischen Hof um 200 Gulden auf Abbruch verkauft, wurde es nach einigen Zwischenbesitzern 1832 vom Hof wieder zurückgekauft und schließlich zügig zum Schloss ausgebaut.

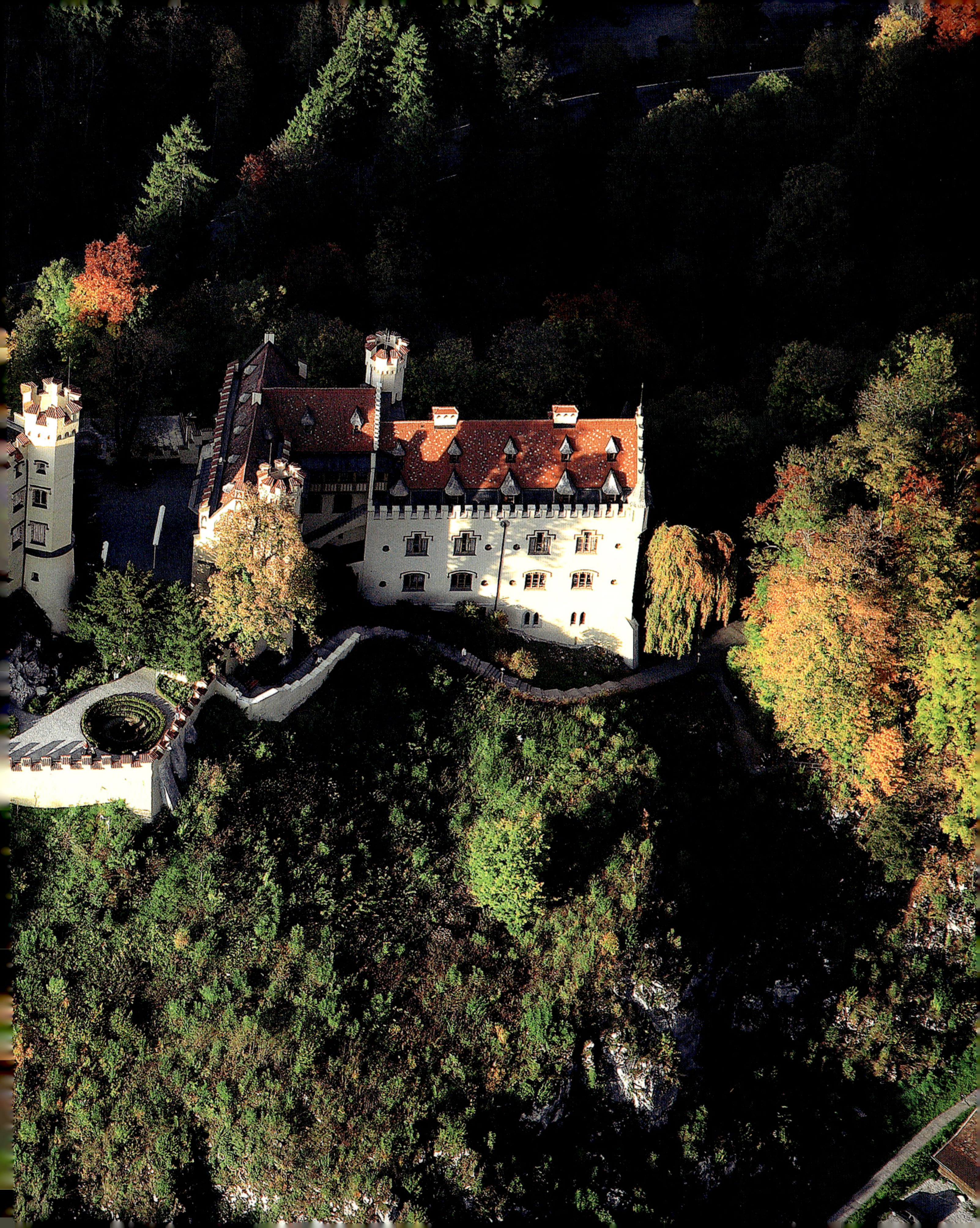

Schloss Hohenschwangau
im Winter.

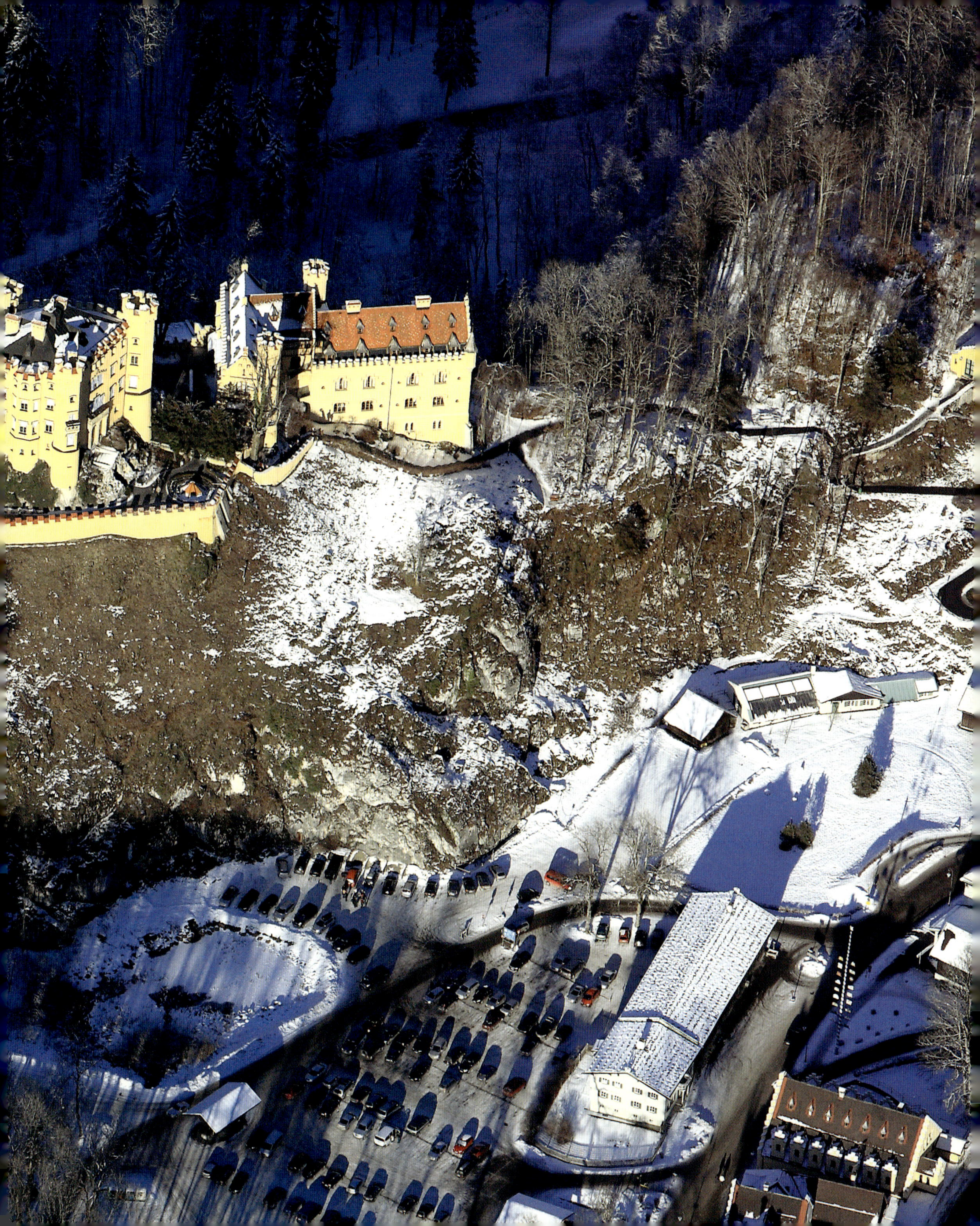

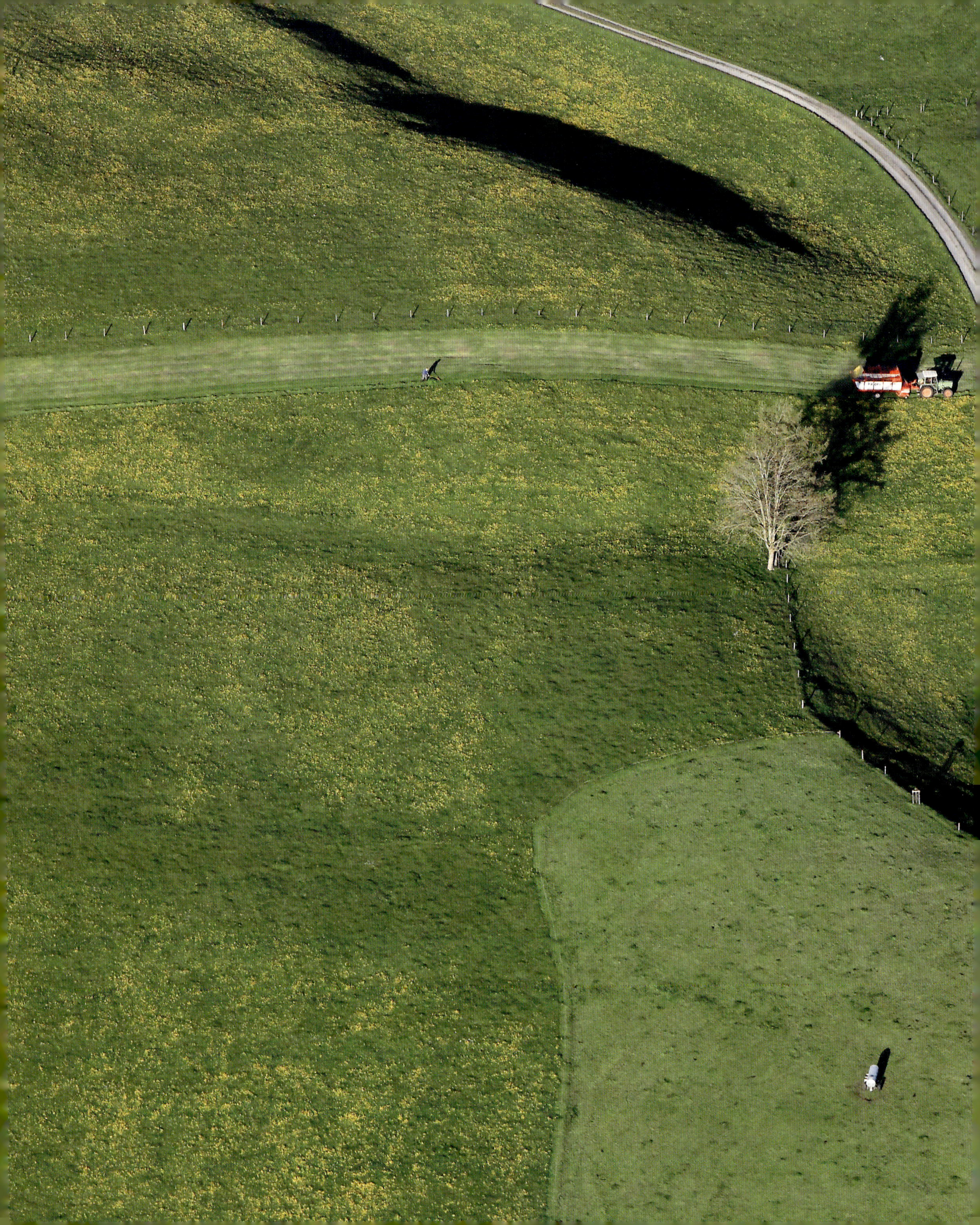

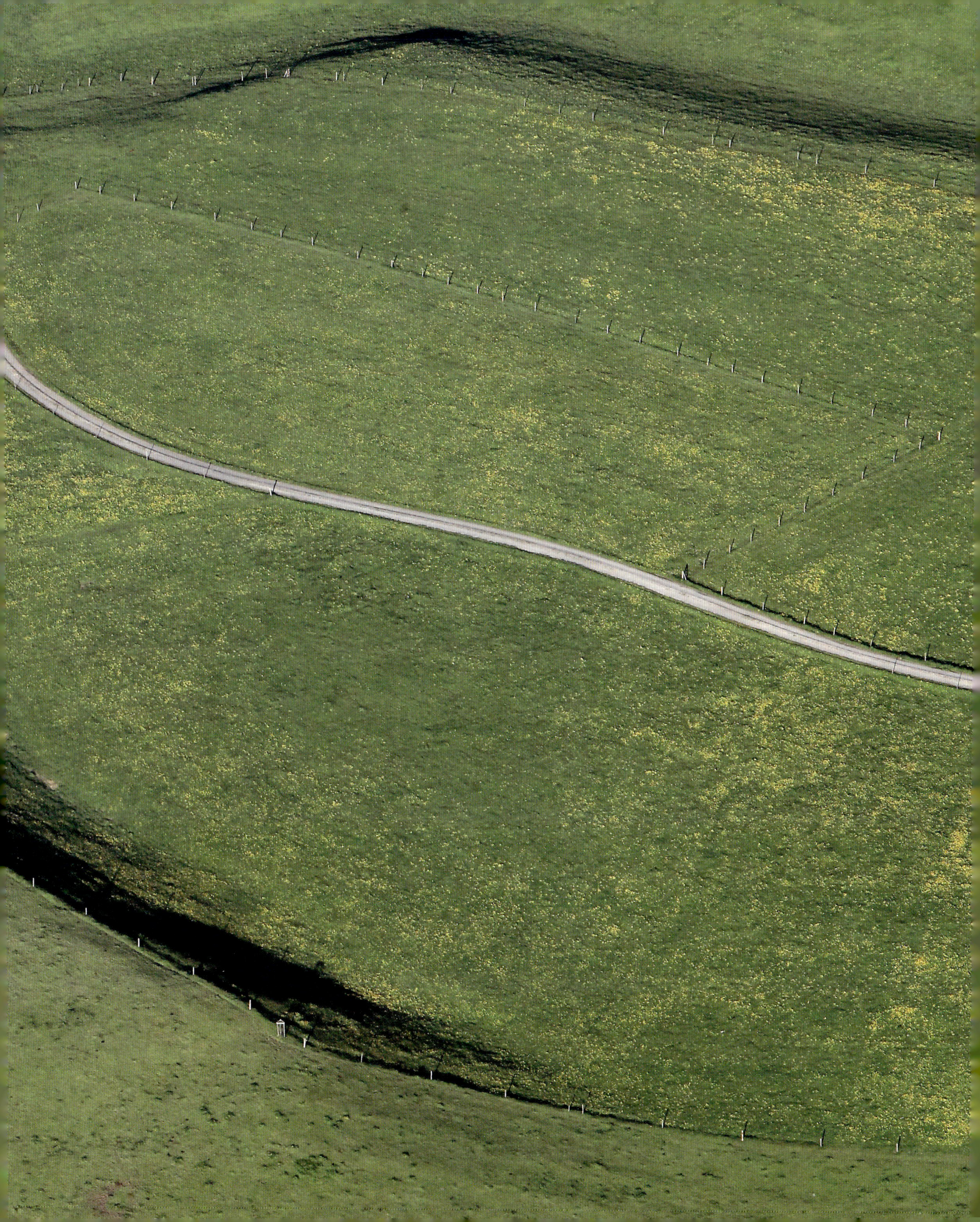

Allgäuer Finale

Allgäuer Finale

Der Bau des Musiktheaters Füssen am Ufer des Forggensees war heftig umstritten, das Geld setzte sich schließlich durch. Im April 2000 fand die Uraufführung des Musicals „Ludwig II. – Sehnsucht nach dem Paradies" statt. Von der Terrasse des Theaters jenseits des Sees ist Schloss Neuschwanstein unübersehbar.

Hier hätte das nächste Märchenschloss entstehen sollen, noch größer und schöner als Neuschwanstein. Der Weg zur Ruine Falkenstein war bereits fertig gebaut und ebenso eine moderne Wasserleitung verlegt. Es sollte ein Traum bleiben, der König hat nicht lange genug gelebt.

Allgäuer Finale

Allgäuer Finale

Die barocke Kirche St. Coloman steht auf den Grundmauern einer Vorgängerkirche. Hier soll der irische Missionar im Sommer 1012 bei seiner Pilgerreise ins Heilige Land gerastet haben. Die Strebepfeiler suggerieren einen barockisierten, spätgotischen Kirchenbau, obwohl der Kirchenbau in dieser phänomenalen Einzellage erst in der Barockzeit entstanden ist.

Allgäuer Finale

Vor allem aus der Luft sieht die zahlreichen Neubauten in Waltenhofen am Forggensee; erst mit der abgeschlossenen Seeflutung war der Ort ausbaufähig geworden.

Man sieht es dem Forggensee von der Ferne nicht an, dass er erst seit 1952 besteht (nicht wenige Bauernhöfe hatten dafür weichen müssen). Allerdings war sein Becken nach der letzten Eiszeit erheblich größer gewesen und hatte einem sogar weitaus größeren See Platz geboten.

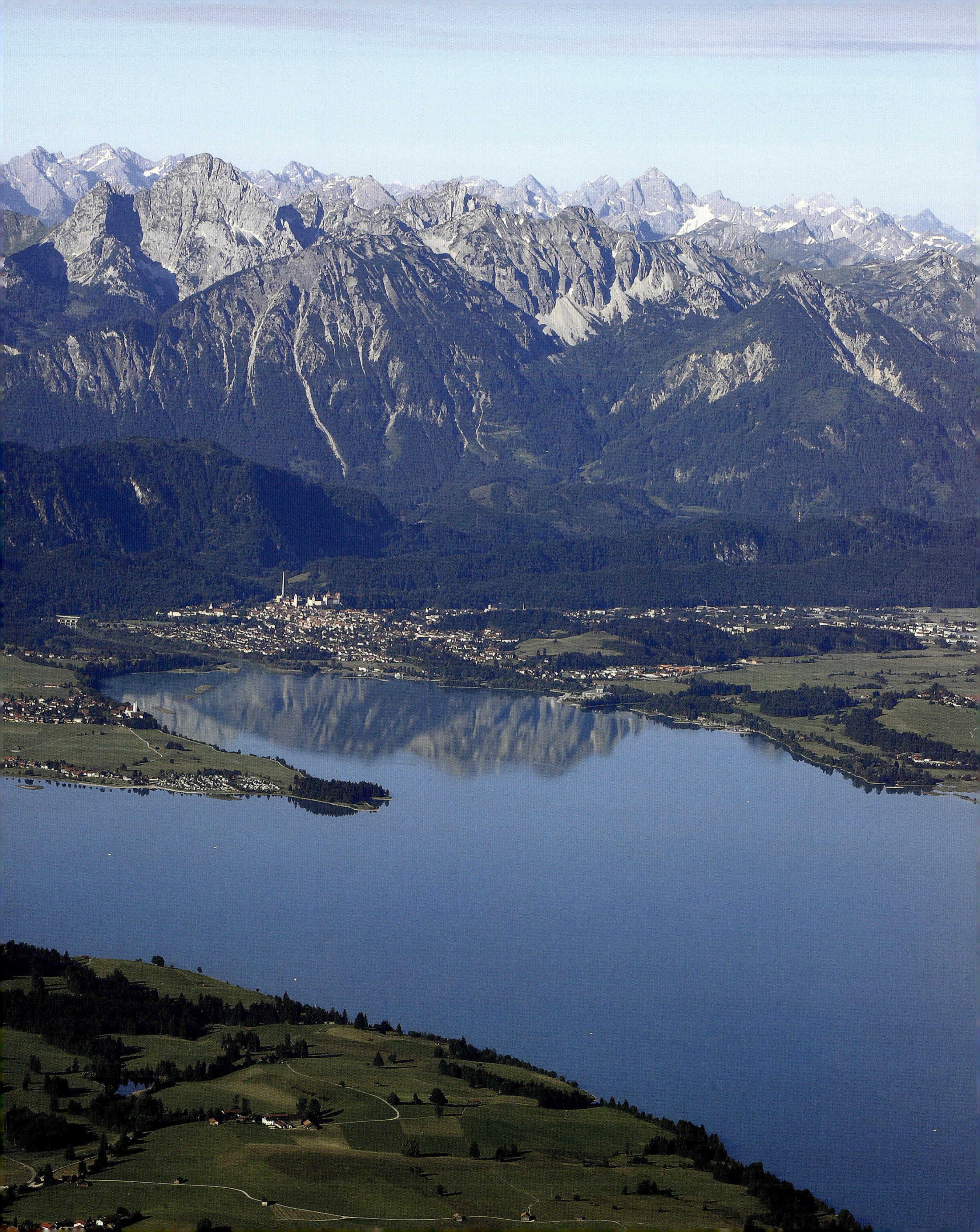

Der nur knapp zehn Meter tiefe Hopfensee ist im Gegensatz zum großen Bruder Forggensee ein natürlicher Gletschersee. Die zwei Quadratkilometer große Wasserfläche ist ein Relikt der letzten Würmeiszeit. Hopfen am See (Bildmitte) hat Wurzeln bis zurück in das Jahr 1174, als es unter dem Namen „de Hophen" firmierte.

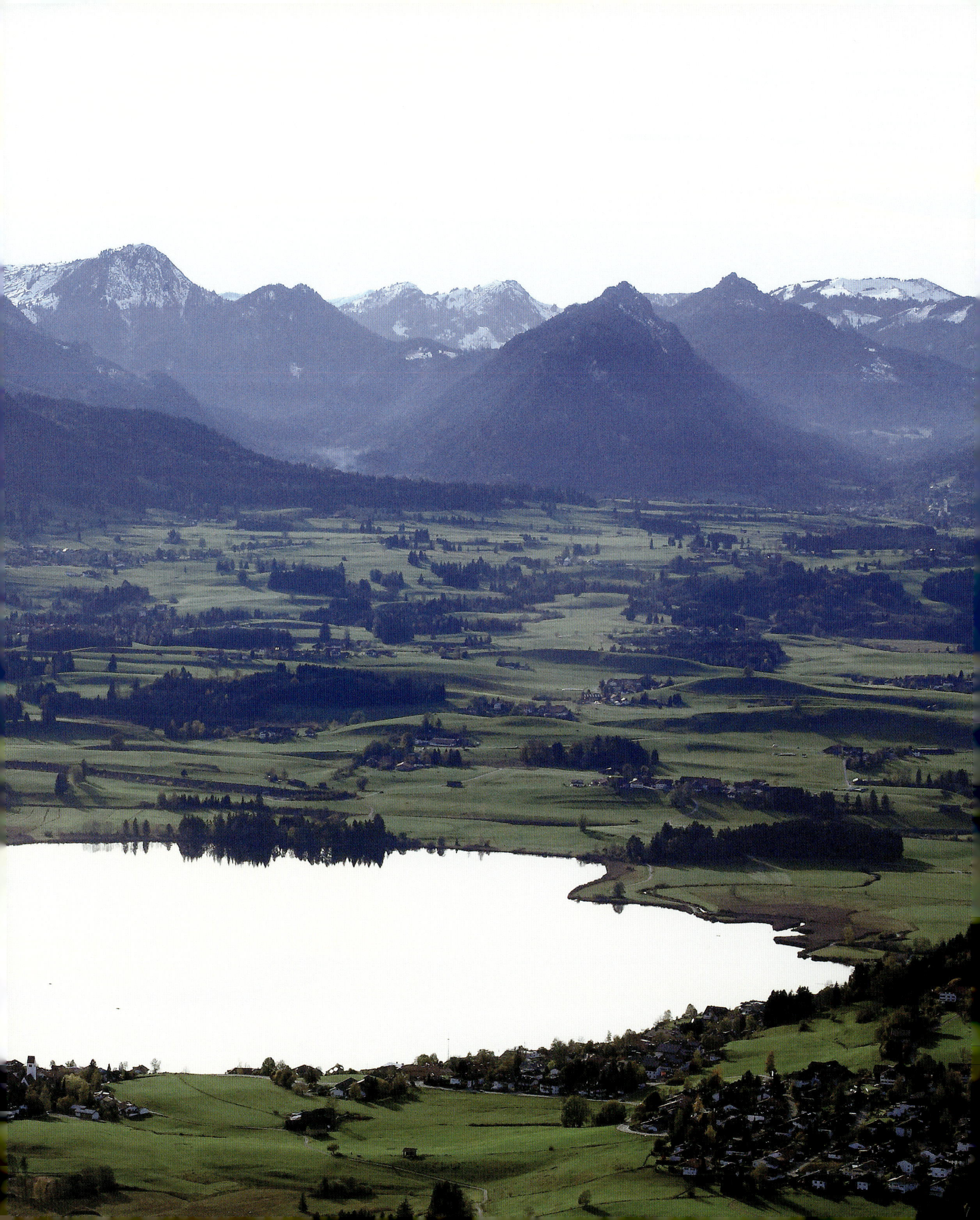

Allgäuer Finale

Man sieht es der Stadt sofort an, dass Füssen von meist nicht freundlichen Nachbarn umgeben war. Hier war Augsburger Land, nachdem der Kaiser Füssen 1313 für 400 Mark Silber an den Bischof von Augsburg verpfändet hatte. Das Pfand wurde nie mehr ausgelöst und Füssen blieb bis 1802 beim Fürstbischof in Augsburg; das spätgotische Hohe Schloss war die Residenz der Fürstbischöfe.

Allgäuer Finale

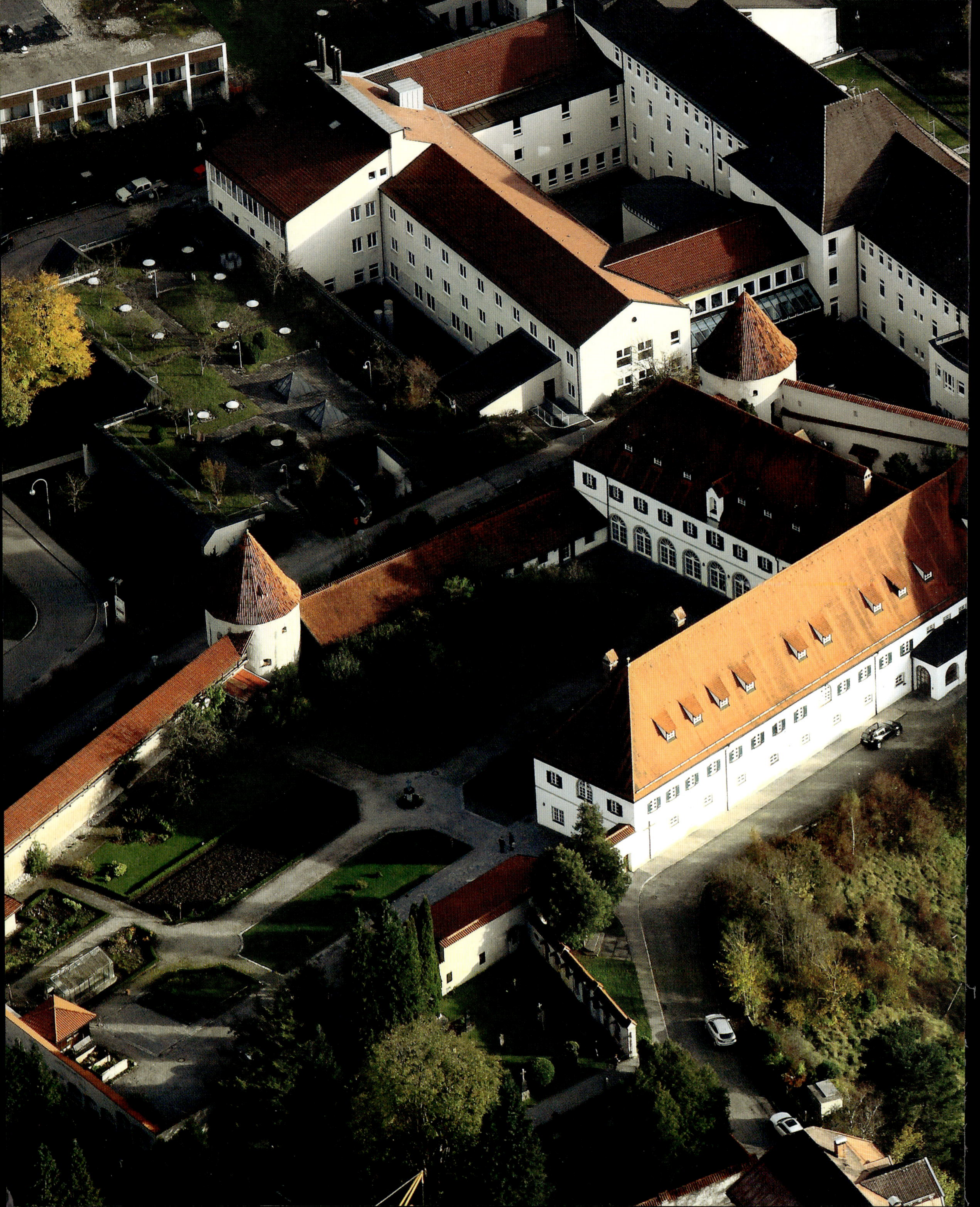

Nicht nur die Burg ist beeindruckend, Füssen war auch eine Klosterstadt: Das Kloster St. Mang war noch vor 850 eingerichtet, das Franziskanerkloster um 1628. Kloster St. Mang war in der Zeit der Gegenreformation prächtig ausgebaut worden. Der Klosterkomplex bestimmt zusammen mit dem Hohen Schloss wesentlich das Stadtbild Füssens.

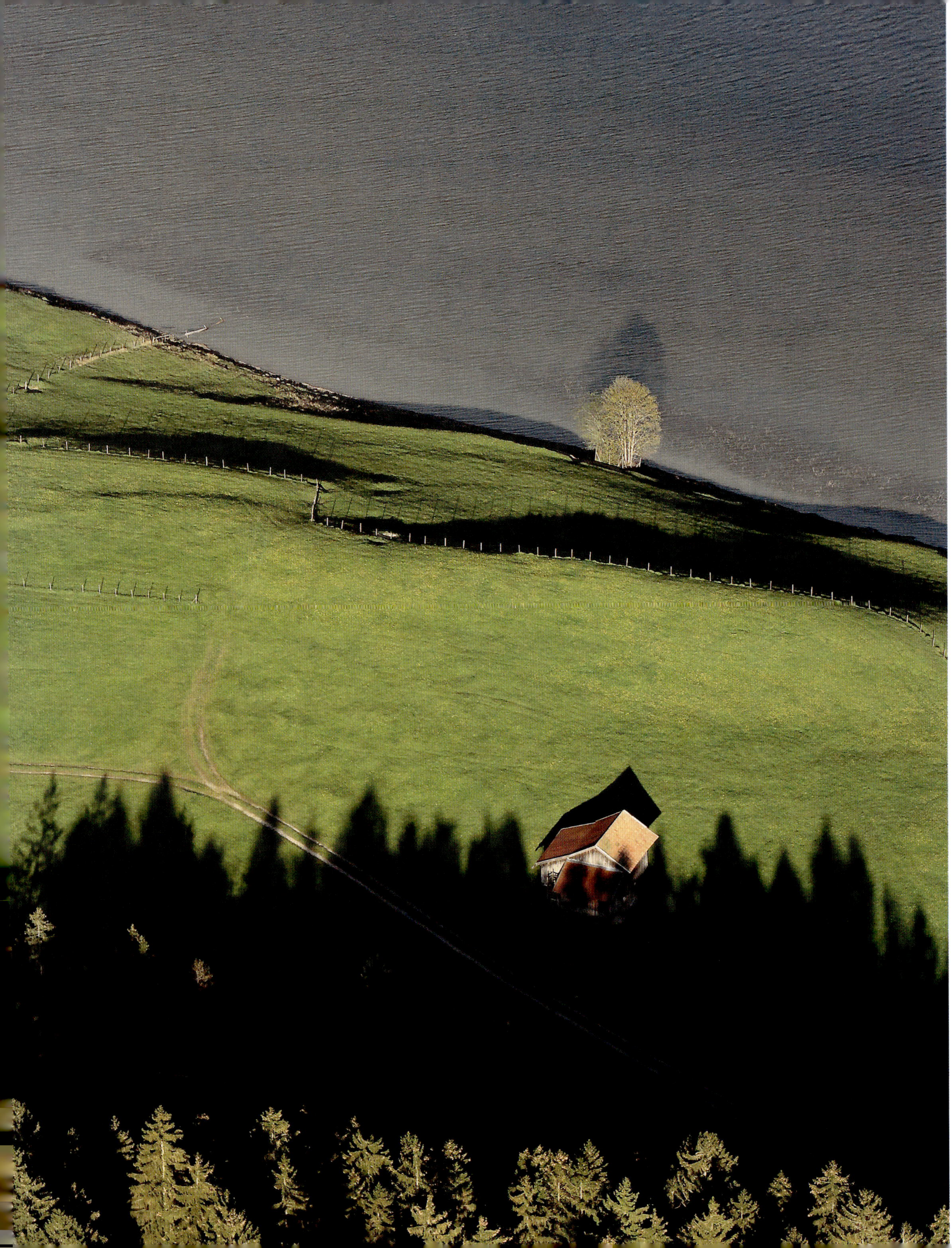

Allgäuer Finale

Saftiges Grün der vielen Wiesen bestimmt seit gut 200 Jahren das Allgäu. Vorher war vornehmlich Flachs angebaut und in Heimarbeit verarbeitet worden, bevor das Aufkommen großer Spinnereien und Webereien dieses Wirtschaftsmodell zunichtemachte. Aus dem blauen Allgäu des Flachsanbaus (nach der blauen Flachsblüte) wurde das grüne Allgäu der Milchwirtschaft.

Milchwirtschaft wird betrieben, wo immer es geht. An den Hängen lässt man aber auch dem Wald sein Auskommen, um in den schneereichen Wintern Sicherheitsprobleme vorzubeugen. Der Übergang ist oft von fast königlichen Einzelbäumen geprägt, die andernorts kaum eine Wachstumschance bekommen würden.

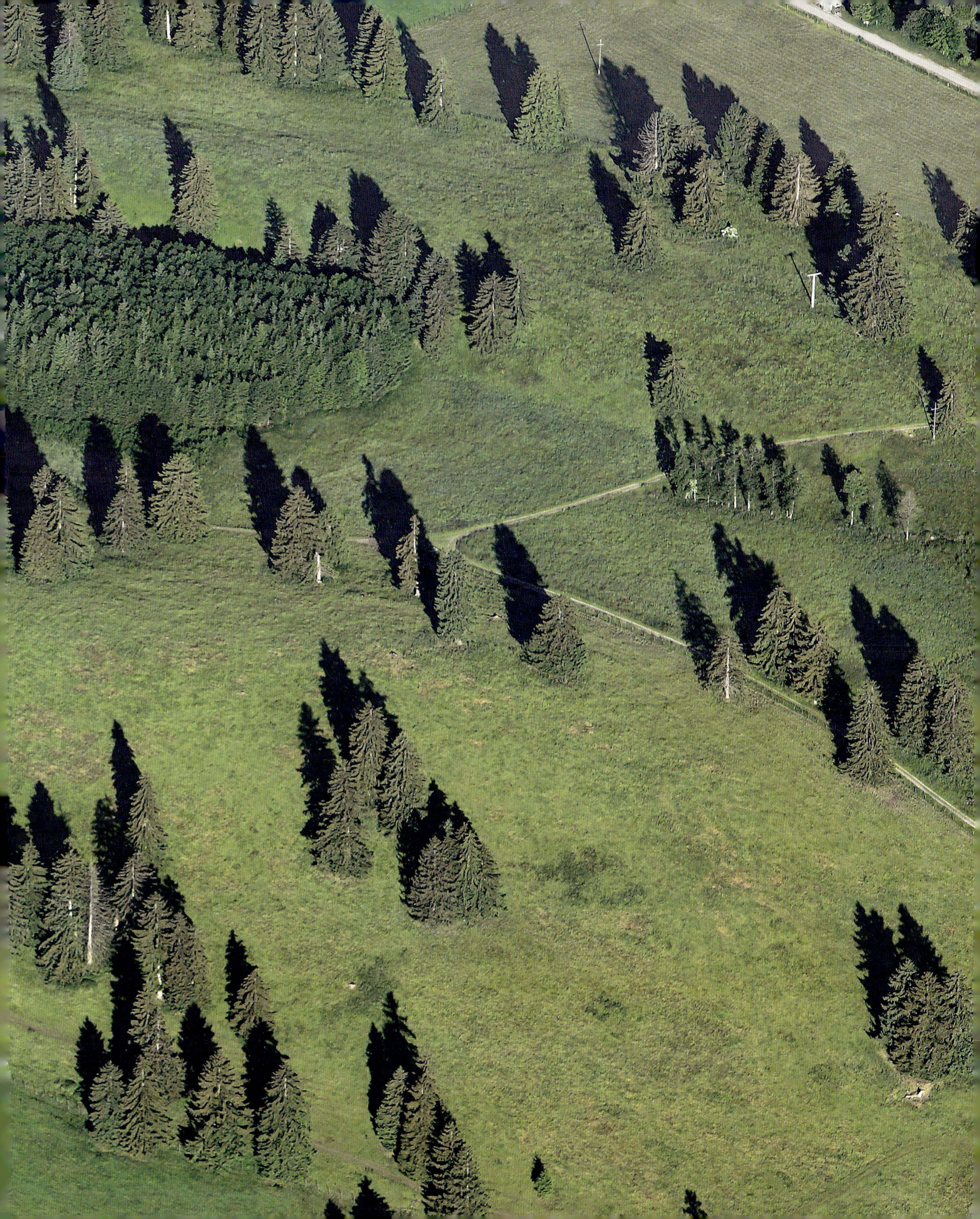

Ortsregister

Anwalting	97	
Apfeldorf	119	
Augsburg	83, 98–101	
Bad Mergentheim	23, 33, 34	
Bieberehren	40	
Bobingen	103	
Bögenhof	95	
Burg Brauneck	41	
Burg Harburg	9, 69, 81	
Creglingen	42	
Dinkelsbühl	47, 58, 61	
Distelhausen	30	
Dittigheim	30	
Donauwörth	9, 47, 83–85	
Erpfting	121	
Falkenstein	143	
Feldheim	88	
Feuchtwangen	47, 56–57	
Flochberg (Burgruine)	71	
Forggensee	142, 146–147	
Friedberg	83, 102	
Füssen	117, 142, 150–153	
Gamburg	9, 26	
Gerlachsheim	31	
Harburg	9, 69, 80	
Heuberg	65	
Hochhausen	27	
Höhenburg Niederhaus	76	
Hopfen am See	148–149	
Igersheim	23, 35	
Impfingen	27	
Kapelle Epfach	119	
Kaufering	105, 111	
Kirchheim am Ries	71	
Kissing	102	
Kleinaitingen	106	
Kloster Bronnbach	9, 26	
Kloster Christgarten	76	
Kloster Holzen	93	
Kloster Lechfeld	105, 109	
Kloster Mönchsdeggingen	77	
Kloster Niederschönenfeld	88	
Kloster Steingaden	117, 130–131	
Kloster St. Mang	152–153	
Kloster Thierhaupten	94	
Klosterkirche St. Peter	76	
Klosterlechfeld	105, 109	
Königsbrunn	105	
Königshofen	23, 32	
Landsberg am Lech	9, 114–115	
Lauda-Königshofen	23, 32	
Leitheim	83, 86	
Lugenausee	126	
Maihingen	66	
Markelsheim	35	
Marxheim	83	
Meitingen	93	
Mering	9, 103	
Monheim	81	
Münster	92	
Niederschönenfeld	88	
Nördlingen	10, 69–75	
Oberndorf	90	
Oettingen	47, 64–65, 69	
Peiting	124	
Pittriching	106	
Rain am Lech	83, 89	
Rehling	96	
Reichholzheim	25	
Rothenburg	23, 45, 47–53, Einband hinten	
Rottenbuch	117, 127	
Röttingen	Einband vorn, 23, 39	
Schäftersheim	37	
Scheuring	108	
Schillingsfürst	47, 54	
Schloss Bertoldsheim	86	
Schloss Hohenschwangau	117, 136/137, 138/139	
Schloss Hurlach	110	
Schloss Leitheim	86	
Schloss Pöring	118	
Schloss Scherneck	95	
Schloss Neuschwanstein	117	
Schloss Unterdießen	120	
Schloss Wallerstein	70	
Schloss Weikersheim	36	
Schongau	11, 105, 122–123	
Schrattenhofen	78–79	
St. Coloman	117, 144–145, Einband hinten	
St. Leonhard Wallfahrtskapelle	105, 112–113	
St. Peter Klosterkirche	77	
St. Peterskapelle	133	
St. Walburga Kapelle	112–113	
Steingaden	117, 130–131	
Tauberbischofsheim	9, 23, 28	
Tauberrettersheim	23	
Tauberzell	44	
Urphar	Vorsatz	
Untermeitingen	109	
Unterpeiching	91	
Wallerstein	10, 69, 70	
Wallfahrtskirche Käppele	6, 13	
Waltenhofen	146	
Weikersheim	23, 36	
Wertheim	20–21, 24	
Wetterstation Hohenpeißenberg	125	
Wieskirche	117, 134–135, Einband hinten	
Wilburgstetten	47	
Wildsteig	129	
Würzburg	12–17, Einband hinten	

Würzburg
Wallfahrtskirche Käppele
Wertheim
Reichholzheim
Kloster Bronnbach
Gamburg
Hochhausen
Tauberbischofsheim
Dittigheim
Distelhausen
Gerlachsheim
Lauda-Königshofen
Igersheim
Bad Mergentheim
Schloss Mergentheim
Markelsheim
Röttingen
Bieberehren
Tauberrettersheim
Weikersheim
Rothenburg
Schillingsfürst
Feuchtwangen
Dinkelsbühl
Wilburgstetten
Oettingen
Maihingen
Heuberg
Kirchheim/ Ries
Wallerstein
Nördlingen
Flochberg Burgruine
Monheim
Schrattenhofen
Burg Harburg
Harburg
Leitheim
Marxheim
Donauwörth
Feldheim
Niederschönfeld
Oberndorf
Rain
Ober-peiching
Münster
Kloster Holzen
Thierhaupten
Meitingen
Rehling
Lechauen
Schloss Scherneck
Bögenhof
Anwalting
Augsburg
Friedberg
Kissing
Bobingen
Königsbrunn
Mering
Kleinaitingen
Pittriching
Untermeitingen
Scheuring
Klosterlechfeld
Hurlach
Kaufering
Walburgakapelle
Landsberg
Erpfting
Schloss Pöring
Kapelle Epfach
Schongau
Peiting
Rottenbuch
Steingaden
Wieskirche
Forggensee
Hopfensee
Falkenstein 1115
St. Coloman
Hohenschwangau
Hohes Schloss Füssen
Schloss Neuschwanstein
Erlangen
Fürth
Nürnberg
Ansbach
Heilbronn
Ludwigsburg
Stuttgart
Schwäbisch Gmünd
Esslingen
Göppingen
Heidenheim
Reutlingen
Ulm
Memmingen
Kaufbeuren
Kempten
Ravensburg
Konstanz
Friedrichshafen
Garmisch-Partenkirchen
DEUTSCHLAND
SCHWEIZ
N
20 km

Buchhinweise

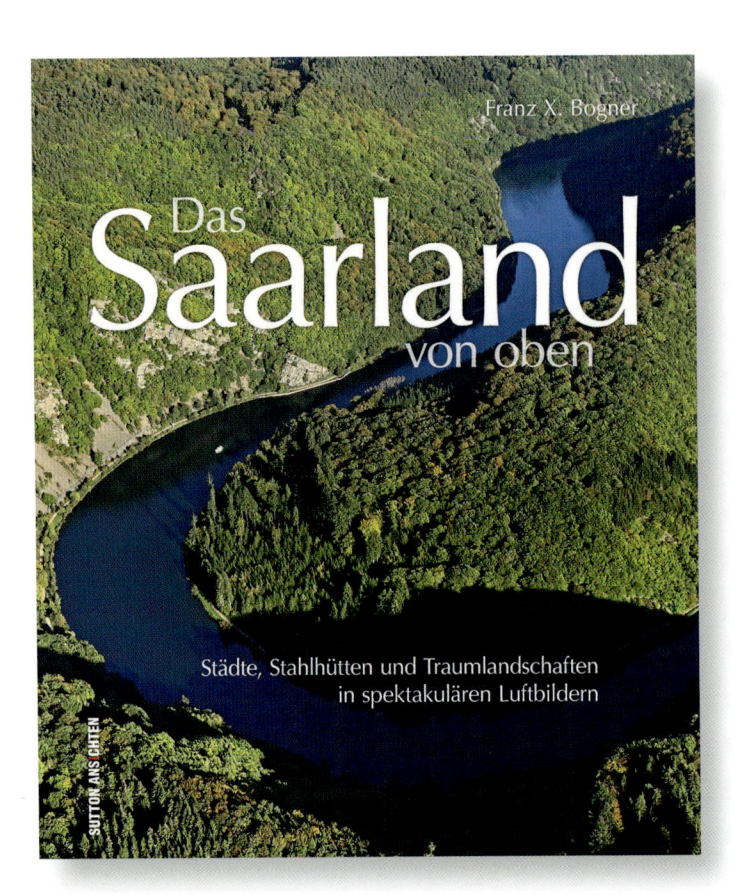

Das Saarland von oben
Städte, Stahlhütten und Traumlandschaften in spektakulären Luftbildern

Franz X. Bogner

978-3-95400-730-1
29,99 €

Der Thüringer Wald aus der Luft
Die schönsten Blicke auf Wälder, Seen und Sehnsuchtsorte

Franz X. Bogner

978-3-95400-740-0
29,99 €

Buchhinweise

Das Erzgebirge von oben
Entdeckungen zwischen
Freiberg und Klingenthal

Franz X. Bogner

978-3-95400-589-5
24,99 €

Die Saale aus der Luft
Von der Quelle bis zur Mündung

Franz X. Bogner

978-3-95400-371-6
24,99 €

Weitere Bücher aus Ihrer Region finden Sie unter:
www.suttonverlag.de